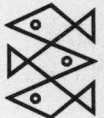

W0171089

Die Franken pauschal Wer sich unter Franken wohl fühlt, ist entweder selbst ein Franke oder ein Mensch, der sich nicht daran stört, Ecken und Kanten zu haben, der eine Vorliebe für besonders kleine Details hat und der stolz darauf ist, besseres Bier zu trinken als das bayerische. Über die Franken gibt es viele Vorurteile, die möglicherweise richtig sind, doch fränkisches Image und fränkische Identität sind nicht unbedingt dasselbe.

Das Franken-Image ist weitgehend identisch mit dem Frankenland-Image, das vor allem von Idyllik geprägt ist. Entspricht der fränkische »Nationalcharakter« diesem romantischen Vorstellungsbild, oder gehen die Franken mit dieser Mischung aus trutzigem Mittelalter und barock-biedermeierlicher Heiterkeit völlig unbefangen um? Was ist den modernen Franken wichtig bei der Arbeit, in ihrer Freizeit? Was ist besonders charakteristisch für das Familienleben der Franken, wie ist es um ihren Humor bestellt?

Was typisch für die Franken ist, geht weder in dem modernen Begriff Region noch in dem alten Wort Heimat ganz auf. Es genügt ja auch schon, wenn die Franken sich in dem Bewußtsein sonnen, gemeinsam anders zu sein.

In dieser Serie: ›Die Badener pauschal‹ (Bd. 14383), ›Die Bayern pauschal‹ (Bd. 14051), ›Die Berliner pauschal‹ (Bd. 14052), ›Die Hamburger pauschal‹ (Bd. 14056), ›Die Märker pauschal‹ (Bd. 14385), ›Die Pfälzer pauschal‹ (Bd. 14164), ›Die Rheinländer pauschal‹ (Bd. 14136), ›Der Ruhrpott pauschal‹ (Bd. 14054), ›Die Sachsen pauschal‹ (Bd. 14053), ›Die Schwaben pauschal‹ (Bd. 14139), ›Die Thüringer pauschal‹ (Bd. 14138).

Ulrike Krawczyk wurde in Bad Cannstatt geboren und ist in Nürnberg aufgewachsen. Sie studierte Germanistik und Linguistik an der Universität Stuttgart. Sie lebt mit ihrer Familie in Weilimdorf und hält volkskundliche Seminare an verschiedenen Bildungseinrichtungen.

Die Franken pauschal

Von Ulrike Krawczyk

Fischer Taschenbuch Verlag

3. Auflage: März 2000

Originalausgabe
Veröffentlicht im Fischer Taschenbuch Verlag GmbH,
Frankfurt am Main, Januar 1999

© Fischer Taschenbuch Verlag GmbH, Frankfurt am Main 1999
Druck und Bindung: Clausen & Bosse, Leck
Printed in Germany
ISBN 3-596-14055-2

Unsere Adresse im Internet: www.fischer-tb.de

Inhalt

Fränkisches Image & fränkische Identität

Die Franken sind ihrer Heimat so sehr verbunden, daß sie stets ein Stück ihres Ländchens mit sich führen, sobald sie dessen enge Grenzen überschreiten. Weil sich aber Fachwerkromantik und die Idylle im Winkel nicht in den Koffer packen lassen, führen die Franken bei Deutschland- oder Auslandsreisen wenigstens ein bis zwei Kästen heimisches Bier, ein ordentliches Quantum rohen Kloßteig und die unvermeidlichen Bratwürste mit sich.

Nur so ist die Fremde für sie erträglich, und die beginnt schon dreißig Kilometer östlich von Nürnberg in der altbayerischen Oberpfalz.

Der Volksstamm der Franken hat das, was den anderen Deutschen oft fehlt: Nationalstolz. Aber es entspricht nicht fränkischer Art, in patriotischen Jubel auszubrechen, wie ihre fränkischen Namensvettern in Frankreich, die sich gerne als *Grande Nation* feiern. In ihrer hemdsärmeligen und rauhen Art hegen Franken geradezu einen Abscheu vor Angeberei und Großkotzigkeit und vor glorreichen theatralischen Affekten. So gleicht ihr Stolz eher

einem trotzig-überzeugten Aufbegehren, einem Auf-
merksam-Machen, daß sie ehedem etwas waren und immer noch etwas sind, und er bezieht sich in allererster
Linie auf ihr Frankenland.

Denn Franken, das ist auch die ständige Gegenwart
der Vergangenheit.

Über die Namensverwandtschaft und eine schon sehr
weit zurückliegende gemeinsame Urgeschichte des großen Frankenreiches hinaus, lassen sich zwischen den
westlichen Franken und den Main- und Pegnitzfranken
noch einige weitere Parallelen ziehen. Der Franke ist,
genau wie der Franzose, kein Kind von Traurigkeit, auch
nicht von angeschaffter. Das genüßliche Bejammern
tatsächlicher oder eingebildeter Probleme ist seine Sache nicht. Mit Frustrationen, gleich welcher Art, geht er,
völlig undeutsch, keinesfalls hausieren. Und leben kann
man nicht nur wie Gott in Frankreich, sondern, in einer
etwas deftigeren Variante, auch wie Gott in Franken.

Zumindest eine dunkle Ahnung der vergangenen historischen Größe, der Macht und der Pracht, scheint bis
heute in jedem Franken zu schlummern.

Von ihrer ruhmreichen Vergangenheit blieb den Franken das tiefverwurzelte und umfassende Gefühl, frei zu
sein. Dies bildet sozusagen den Kern ihres Nationalstol-
zes und macht das gemeinschaftsbildende kollektive
Unbewußte der fränkischen Seele aus, was ihnen wiederum einen Schuß Hochmut und diffuses Überlegen-
heitsgefühl in die Wesensart dringen läßt.

Franke zu sein und frei zu sein war schon im Mittelalter ein Synonym, und wenigstens die Franken selber
hegen keinerlei Zweifel, daß dem heute noch so ist.

Schließlich ist das in der Redewendung »frank und frei« immer noch lebendig.

Dieses Bewußtsein individueller Freiheit schlägt heftig in den fränkischen Herzen und äußert sich auch in einem gewissen Hang zu Eigenbrötelei. So schnell läßt man sich von niemandem sagen, was man zu tun und zu lassen hat – und von der bayerischen Staatsregierung schon gar nicht.

Als eine weitere Steigerungsform dieses Grundzugs kann bei den Franken ein gewisser Anarchismus konstatiert werden. Sie sind Weltmeister im Neben-, Über- und Durcheinander. Die Würzburger sind den protestantischen Bayreuthern viel zu katholisch und barocklebensfroh; den katholischen Bambergern hingegen sind die Ansbacher zu lutherisch-streng; Ansbach wiederum schaut von Regierungssitzhöhe auf die anderen Franken herab, wie die Pariser auf den Rest der Franzosen; und die Nürnberger erscheinen den Dörflern der Fränkischen Schweiz zu großstädtisch und großkopfert.

Nach dem Ende des alten Karolingerreiches hatte sich hierzulande in Jahrhunderten eine verwirrende Vielfalt kleiner und kleinster Territorien gebildet. Da gab es Reichsritterschaften, Burg- und Markgrafen, Deutschordenshochstifte und fürstbischöfliche Residenzstädte, freie Reichsstädte und die fränkische Besonderheit von freien Reichsdörfern. Die Einwohner dieser Dörfer waren zwar abgabenpflichtig, aber persönlich frei, und sie besaßen weitgehende Selbstverwaltung. Sie waren ein »freies lediges Dorf und hat ihnen kein Herrscher oder kein Herr nicht weiter dreinzusprechen«. In anderen Orten hingegen hatten gleich mehrere Herren gleichzeitig das Sagen. Trotz dieser Zersplitterung galten die »Franconia« als zusammengehöriger Raum und die Franken als *ein* Volksstamm. Man war keinem großen dynastischen Herrschergeschlecht untertan, sondern hatte eine stark regional geprägte Bindung.

Diese Kleinteiligkeit hat aber Spuren in der fränkischen Psyche hinterlassen, denn Enge introvertiert und fördert ein kleingeistiges Denken mit Lupe und Pinzette. Im Liliputland wird alles zu einer Welt im Kleinen. Heinrich Heine beschreibt dies am Beispiel des fränkischen Dichters und Schriftstellers Jean Paul: »Sein Periodenbau besteht aus lauter kleinen Stäbchen, die manchmal so eng sind, daß, wenn eine Idee dort mit der anderen zusammentrifft, sie sich beide die Köpfe zerstoßen.«

Die Franzosen können sich an einer großen Idee berauschen und ihretwegen eine noch größere Revolution anzetteln. Das würde den Franken nicht liegen. Sie spiegeln das Große im Kleinen, um es anschließend noch zu mikroskopieren. Sie sind deshalb lauter gute Einzelrebellen, aber niemals an einer großen Revolution beteiligt. Jeder steht für sich und alle gegen Bayern.

Diese Ablehnung der Bayern eint die sonst so widersprüchlichen Franken. Dabei kann allerdings der bayerische Kollege, mit dem man zusammenarbeitet, durchaus wohlgelitten sein. Ebenso der Bayer, dem im Wirtshaus seine Maß genauso schmeckt wie dem Franken sein »Seidla«. Die Ablehnung trifft einzig und allein die bayerische Staatsregierung. Sie schmälert das spezifisch fränkische Freiheitsgefühl ganz empfindlich. Aber Franken gehen nun einmal nicht bei Fuß und an Bayerns Leine schon gar nicht.

In ihrer Freude am Kleinen erfüllt sie das Bewußtsein, die sperrige, querköpfige Provinz in Bayerns Norden zu sein, mit einer gewissen Befriedigung. Jeder einzelne ein Sandkörnchen im gesamtbayerischen Getriebe.

Das Image der Franken ist geprägt von der Idylle, Lieblichkeit und Romantik des Frankenlandes. Das führt zwangsläufig zu einer gewissen Ernüchterung bei all denen, die dem leibhaftigen Frankenmenschen im Hier und Jetzt begegnen. Die lernen die Franken nicht als romantische Seelen kennen, sondern als durch und durch nüchterne Realisten. Das Denken in den Kategorien der Nützlichkeit ist hier allgemeine Veranlagung. Als einmal eine Gruppe Franken ein Kloster besichtigte, bat nach dem Ende der Führung der Kirchenmann mit mildem Lächeln, himmelwärts gewandtem Blick und zur Schale geformten Händen um eine Geldspende. Bei der Reisegruppe folgte ein kurzes Schweigen, verlegenes Räuspern, dann ein Kramen in Hosen-, Handtaschen und Geldbeuteln. Nach wenigen Sekunden wurde das von einer resoluten Fränkin abrupt unterbrochen. »Ich leg derwal fuffzig Mark aus. No homer des Geklimper hinter uns.«

Jahrhundertealte haushälterische Kaufmannstradition, Feinmechanikertüftelei und Generationen von Bauern, die den kargen Böden karge Erträge abrangen, haben weder Schwarmgeister hervorgebracht noch eine barocke, krachlederne Wilderer- und Schuhplattlerfolklore ins Kraut schießen lassen. So bedingt auch die zwangsläufige Kollision des panfränkischen Freiheitsgefühls mit der rauhen Wirklichkeit eine gewisse Skepsis im fränkischen Wesen. Das betrifft die Welt im allgemeinen wie auch im speziellen.

Ganz alltäglich kann sich das beim Einkauf im Gemüseladen zeigen. Dort äußert die Fränkin ihren Wunsch nicht fordernd und hoffnungsfroh, sondern eher pessimistisch und umständlich mit der Frage: »An Sellerie ham S' gwiß nimmer?« So fühlt man sich eher gewappnet angesichts der Unwägbarkeiten des Schicksals, denn tief in ihrem Inneren verbergen Franken eine Sensibilität, die sie keinesfalls nach außen dringen lassen möchten. Sie bestreiten deshalb auch vehement die von Nicht-Franken aufgestellte Behauptung, daß sie ihre weltberühmte Bratwurst als Symbol ihrer selbst geschaffen haben: »Ein dünnhäutiges Wesen, das im Feuer der Welt gegart wird und gelegentlich platzt.«

Wie sie von den anderen gesehen werden
Das Franken-Image wird geprägt vom Frankenland-Image. Dessen Idyllik ist es, die ins Bewußtsein der Nachbarn dringt. Denen bleiben die Menschen, die hinter Fachwerkfassaden und bemoosten Spitzgiebeln in einem biedermeierlichen Ambiente à la Spitzweg zu verharren scheinen, eher unbekannt. Stecken die womöglich noch selber tief im Finster-Mittelalterlichen oder im Märchenhaft-Verwunschenen? Der Franke scheint das weithin unbekannte Wesen zu sein. Das mag zum einen daran liegen, daß fränkische Dörfer manchmal so menschenleer wirken, daß man glauben könnte, die Bevölkerung liege gerade in einem hundertjährigen Dornröschenschlaf, oder man besichtige ein Freilichtmuseum.

Wer aber die Menschen kennenlernt, stellt oft über-

rascht fest, daß sein romantisch gefärbtes Bild des Frankenlandes wenig mit dem Menschenschlag zu tun hat,
der es bevölkert. Eine Zeit, die man die »gute alte«
nennt, verkörpert sich keineswegs in den Franken der
Gegenwart. Weder werkelt die Fränkin als liebreizende
Lebküchnerin, noch gebärdet sich der Franke als ritter-
lich-höfischer Held. Wenn schon, dann sind in ihm eher
Reste eines raubritterlichen Raufzeitalters lebendig. So
steht die Lieblichkeit des Landes in einem merkwürdigen
Kontrast zu der Rauhigkeit und Sprödigkeit der Menschen, die es bewohnen. Die gelten nämlich bei denen,
die sie überhaupt wahrnehmen und sie nicht der Ein-
fachheit halber gleich zu den Bayern zählen, eher als
grob und derb, was natürlich von den Franken nie so gemeint ist.

Wie sie von den anderen gesehen werden möchten
Das ist den Franken ziemlich egal, Hauptsache: nicht als
Bayern!

Wie sie sich selbst sehen
Die Franken sind auf eine unkomplizierte Weise mit sich
selbst zufrieden.

Daß sie nicht unbedingt die fröhliche Leichtlebigkeit
der Rheinländer, den frechen Zungenschlag der Berliner
oder die Gemütlichkeit der Bayern haben, kann ihrem
historisch gewachsenen »Wir-Franken-Gefühl« wenig an-

haben. Sie wissen, daß die gesamtdeutschen Eigenschaften quadratisch-praktisch-gut vom lieben Gott nicht ganz gleichmäßig verteilt und sie hauptsächlich mit den Ecken und Kanten bedacht wurden.

Sie hadern lediglich mit dem Los, Rucksackbayern sein zu müssen, also mit diesen gemütlichen Seppl-Bayern in einen Topf geworfen und zu einem bayerisch-fränkischen Einheitsbrei verrührt zu werden.

Die Franken und ihre Nachbarn

Eine besondere Beziehung: Die Franken und die Bayern

Der Preußen-Grant erweitert in sehr unterhaltsamer Weise die Palette urbayerischer Folklore. Die Franken galten den Bayern als ihre hauseigenen Preußen. Was aber so ein Saupreiß eigentlich ist, da blicken die Bayern mittlerweile selbst nicht mehr durch mit all den norddeutschen, japanischen und türkischen Preußen und dem ganzen Multikulti. Irgendwie sind es halt die anderen, all die Bedauernswerten, die weder das unerschütterlich bajuwarische »Mir san mir«- Gefühl kennen noch über die unvergleichliche voralpine Leichtigkeit des Seins verfügen. Und zu denen gehören seit dem Beginn des 19. Jahrhunderts auch die fränkischen Preußen.

Die bayerisch-fränkische Disharmonie mag ihre Wurzel darin haben, daß Teile Frankens, als sie unter Bayerns Obhut gerieten, seit langem dem reformierten Glauben angehörten. Weshalb sie noch heute von einigen erzkatholischen Altbayern als »lutherische Hunde« geschmäht werden. Die ehemalige fränkische Markgrafschaft Ansbach-Bayreuth war 1791 sogar direkt an Preußen gekommen, und deshalb galten besonders diese beiden Städte als preußische Stachel im bayerischen Fleisch. Als Bayreuth 1866 von mecklenburgischen Dragonern besetzt wurde, beklagte die regierungsfreundliche *Bayerische Zeitung*, daß die Bevölkerung dem Feind einen erheblich freundlicheren Empfang bereitet habe, als es königlich-bayerischen Untertanen anstehe. Der Bayreuther Bürgermeister sah sich deshalb gezwungen, sich vom preußischen Hauptquartier das Gegenteil bestätigen zu lassen.

Im Jahre 1806 wurde Nürnberg durch einen Generalkommissär Napoleons an Bayern übergeben. Um der Angelegenheit einen dauerhaften Ausdruck zu verleihen, wurde eine Münze geprät mit dem Nürnberger Stadtwappen, dem bayerischen Löwen und der Inschrift: »Geschützt und glücklich«. Daran scheinen den Franken Zweifel nicht nur erlaubt, sondern geradezu geboten zu sein. »Weder geschützt noch glücklich«, müßte es heißen.

Nun reizt die Münchner Huld und herablassende Gönnerhaftigkeit gegenüber ihren »Minderheiten« von vornherein zum Widerspruch. Den Franken wurde es jedenfalls keineswegs leichtgemacht, sich in Bayern heimisch zu fühlen. Die bayerischen Beschützer versuchten vielmehr die Franken in jener unseligen nachnapoleonischen Zeit mit der Spitzhacke und der Brechstange zu bajuwarisieren. Das Kuppelmünster in Münsterschwarzach und die Franziskanerkirche in Bamberg wurden zerstört, das Zisterzienserkloster in Ebrach und St. Georgen in Bayreuth in Zuchthäuser umgewandelt. Das war und ist den Franken bis heute zuviel der ungebetenen und ungeliebten Nachbarschaft.

Daß die bayerische Politik der Säkularisation unter Führung des Grafen Montgelas eine gerechtere Landverteilung mit sich brachte, der Frondienst und die Leibeigenschaft der Bauern abgeschafft wurden und das seit Jahrhunderten zersplitterte fränkische Territorium zwangsweise geeint wurde, das alles bringt den Bayern keine mildere Beurteilung. Mancher Franke behauptet sogar, daß die Bayern damals mehr Schaden angerichtet haben als später der Zweite Weltkrieg. Sind doch die Franken starrköpfig entschlossen, so zu bleiben, wie sie sind, und alle ungelösten Widersprüche und Gegensätze in sich mutig und furchtlos – echt fränkisch – in sich zu beherbergen.

»Wir, die wir am Main, an der Regnitz, an der Pegnitz geboren sind«, entrüstete sich noch über hundertfünfzig Jahre später der fränkische Liberale Thomas Dehler, »wir sind keine Bayern. Mit dem Verstande gehöre ich zu den Bayern, aber mit dem Herzen bin ich Franke«.

Nun haben die Franken aber auch das Pech, im Bayernstaat unter einem Zentralismus zu ächzen, der fast nur mit dem des französischen Sonnenkönigs zu vergleichen ist. In Bayern steht die Sonne eben ausschließlich über München im Zenit, und dort leuchtet sie auch noch um Mitternacht. Für die Lebkuchenmetropole Nürnberg oder noch abgelegenere Landesteile bleibt da wenig Licht.

Die Franken empfinden auch heute noch tiefe Genugtuung, wenn ihnen ihre fränkischen Empfindlichkeiten gerichtsnotorisch bestätigt werden.

Ein Festwirt aus dem fernen Bonn hatte offensichtlich wenig Kenntnis von derartigen Sensibilitäten. Ahnungs-

los glaubte er, ausgerechnet mit urbayerischem Festzelt-
ambiente im unterfränkischen Aschaffenburg punkten zu
können. Die Stadtverwaltung ließ ihn folgerichtig nicht
mehr zum nächsten Volksfest zu, worauf der verschmähte Wirt klagte. Jedoch ohne Erfolg, denn das
Würzburger Verwaltungsgericht stellte fest, das Zelt ver-
mittle mit weiß-blauen Tischdecken, weiß-blauem Zelt-
himmel, Engel-Aloisius- und Wildbach-Motiven eine
bayerische Atmosphäre. Und »weiß-blaues Ambiente«,
so formulierten die Richter, »fügt sich nicht in das regional gewohnte Bild eines unterfränkischen Festzeltbetrie-
bes ein«.

Allerdings gibt es in der Entscheidungsbegründung
auch Punkte, in deren Beurteilung sich die Franken mit
den Bayern weitgehend einig sein dürften. Mit Enten-
brust und Rinderfilet auf dem Speisezettel orientiere
sich der Wirt wohl eher »an den in Norddeutschland üblichen Verzehrgewohnheiten«. Es seien »zu wenig Hähn-
chen- und Haxengrillstände vorhanden«, lautete das nie-
derschmetternde Urteil des Gerichts.

Richterlichen Tadel gab es auch am Mobiliar. Klapp-
stühle anstelle von Bierbänken entsprächen in keiner
Weise fränkischen Gepflogenheiten. Ja, und dieses
ganze weiß-blaue Brimborium, das gehört sich in Franken nun einmal nicht.

Dem »Fränkischen Bund«, der vor dem europäischen
Gerichtshof für Menschenrechte die Loslösung Frankens
von Bayern erstreiten will, glich der richterliche Bannstrahl einem historischen Sieg. Er triumphierte im inter-
nen Pressespiegel: »Ein beherzter Bürgermeister mit
seinen wackeren Stadträten bereitete dem bayerischen

Kulturimperialismus eine herbe Niederlage per Gerichtsurteil. Vorbildlich für ganz Franken!«

Die Bayern gewähren jedoch ihren fränkischen Saupreußen selbst bei derartigem gemüterbewegenden Aufruhr mildernde Umstände. Schließlich wollen sie ihre »Ruah ham«, und dann vermerken sie gnädig, daß der wirtschaftliche Ballungsraum Nürnberg-Fürth-Erlangen mit Firmen wie Siemens, MAN und Grundig, den weltbekannten Sportartikelherstellern und dem Großversandhaus Quelle, einer internationalen Messe, einem Autobahn- und Eisenbahnknotenpunkt und dem Hafen am Rhein-Main-Donau-Kanal nicht unwesentlich zur ökonomischen Stärke Bayerns beiträgt. Und so ist der Mantel der Patrona Bavariae weit genug, um auch die etwas sperrigen Franken zu bergen.

Den Franken bleiben in dieser Situation immerhin zwei Möglichkeiten: Die traditionelle Rolle des Wadlbeißers am bayerischen Besatzerstiefel ist die eine Alternative.

Durchschlagender und, wenn man sich mit stiller Genugtuung zufriedengibt, effektiver ist die allmähliche Unterwanderung der bayerischen Staatsregierung und die Eroberung von Schlüsselpositionen in Wirtschaft und Gesellschaft des Freistaats. Solange dieser derartig boomt, hat er nämlich jede Menge intelligenter und zuverlässiger Funktionsträger nötig, und die kommen eben aus Franken.

Die Franken und die Schwaben

Das Schwabenland ist in seinem Norden von den Süd-
franken besiedelt, und weiter neckarabwärts, in nord-
westlicher Richtung, leben auch noch einige badische
Franken. Doch das bayerisch-fränkische Gezänk ist hier
nicht zu vernehmen. Es läßt sich einfach vermuten, daß
sich Schwaben und Franken zu ähnlich sind. Das schwäbische Oberschlaule ist genauso knitz wie das hohen-
lohisch-fränkische Schlitzohr. Das »Schaffe, schaffe,
Häusle bauen« ist zwar eine Passion, die als urschwä-
bisch gilt, der in Franken aber genauso hingebungsvoll,
wenn auch weniger plakativ, gefrönt wird. Eine der größten Bausparkassen Deutschlands hat ihren Namen von
der Stadt Schwäbisch Hall, die ja eigentlich, da am fränkischen Flüßchen Kocher gelegen, Fränkisch Hall heißen
müßte. Aber in Schwäbisch-Franken gibt man sich in Dingen generös, die in Bayerisch-Franken zu heftigen Kon-
troversen führen würden.

Franken und Schwaben sind vielfach miteinander ver-
bandelt, und beide haben hüben wie drüben Spuren hinterlassen. Die Adelsgeschlechter der Hohenstaufen und
Hohenzollern, mit Stammburgen im Schwäbischen, resi-
dierten auch im fränkischen Ansbach und auf der Kaiser-
burg in Nürnberg. Auf den Familiennamen Schwab hören
etliche Menschen, die sich als waschechte Franken her-
ausstellen. Und das unterfränkische Schweinfurt müßte
eigentlich Schwabenfurt heißen. Am dortigen Flußüber-
gang trafen zur Völkerwanderungszeit Sueben aus dem
Ostseeraum ein. Die Ostsee war seit der Römerzeit das
eigentliche Schwäbische Meer, das *Mare suevicum*.
Diese Sueven blieben jedoch nicht im Land am Main,

sondern zogen weiter, um in ihr richtiges Schwaben-
ländle zu kommen. Zurück ließen sie den Namen Sue-
ven- oder später Schweinfurt. Den wollen einige emp-
findsame Franken neuerdings in Weinfurt geändert
wissen, weniger aus Abneigung gegen die Schwaben als
aus ästhetischen Gründen.

Eine schwäbisch-fränkische Integrationsfigur, die
nicht hoch genug bewertet werden kann, ist der legendäre Götz von Berlichingen. Dieser berühmte fränkische
Reichsritter, ein Haudegen von altem Schrot und Korn,
mit dem noch berühmteren schwäbischen Gruß. Beide,
der Ritter und der Gruß, sind bei Franken wie Schwaben
gleichermaßen beliebt. Da sind beide Geschwister im
Geiste.

Der Schwabe August Lämmle sinnierte über den Unterschied zwischen beiden Stämmen und fand heraus,
daß dem Schwaben die Menschen ein Rätsel seien,
während der Franke den Menschen ein Rätsel sei. Eines
dieser Frankenrätsel muß dem Schwaben, bei aller Ge-
meinsamkeit, wohl auf ewig ein Mysterium bleiben. Da
sind sie beide haushälterisch und sparsam über die Ma-
ßen. Beim Schwaben artet diese Sparsamkeit aber oft
in engherzigen Geiz aus. Bei aller Genügsamkeit legen
die Franken jedoch wenigstens in Fragen des leiblichen
Wohls und der Gastfreundschaft eine für Schwaben geradezu aufreizende Großzügigkeit an den Tag. Da muß
ein ordentlicher Schuß des französischen »Savoir vivre«
über den Rhein und den Main ins fränkische Wesen ge-
drungen sein, der den Neckar nicht erreicht hat.

Die Franken und die Oberpfälzer

Franken – das ist für viele Deutsche die Provinz schlecht-hin. Aber dreißig Kilometer östlich von Nürnberg beginnt die Oberpfalz, das altbayerische Grenzgebiet zu Böh-men. Nun haben die Franken nichts dagegen einzuwen-den, wenn oberpfälzische Bauern mit ihren Gänsen den Nürnberger Wochenmarkt beschicken, da die heimische Produktion niemals ausreicht, um den fränkischen Appe-tit darauf zu befriedigen. Man gibt auch zu, daß in der Oberpfalz und im noch weiter östlich liegenden Böhmen zweifellos ein vorzügliches Bier gebraut wird, das man schätzt und gerne trinkt. Und dennoch: Den Franken gilt die Oberpfalz als Inbegriff der Provinzialität und des Hin-terwäldlertums.

Die düstere Undurchdringlichkeit der dunklen Wälder werde nur noch vom Wesen der dort beheimateten Men-schen übertroffen. Es ist jedoch zu fürchten, daß zumin-dest Nürnberg oberpfälzisch unterwandert ist, denn rund hunderttausend Nürnberger Bürger stammen aus der Oberpfalz.

Besonders die fränkisch-oberpfälzischen Zweierbezie-hungen gelten als handfest und streitbar.

Zu ihrem Namen soll die Oberpfalz gekommen sein, weil einst der Teufel dem Herrgott das Geschenk die-ses bitterarmen Waldlerlandes mit einem fränkischen »O Gott, b'halt's!« abgeschlagen habe.

Die Franken und die Hessen

Zu den Hessen pflegen die Franken ein äußerst freund-
schaftliches Verhältnis. Man kommt sich einfach mit
nichts in die Quere, da es mit der »Äppelwoi-Gemütlich-
keit« des »Blauen Bocks« keine Reibungspunkte gibt.

Die Aschaffenburger, der westliche Vorposten Frankens, ganz nah am Hessischen, sind womöglich etwas
rascher als die übrigen Franken. »Rasch ist des Asche-
berschers Art« rühmen sie sich selber, und am silbenver-
schluckenden Kürzel »Aschebersch« für Aschaffenburg
merkt gleich jeder, wie flink es dort zugeht.

Das knapp außerhalb Frankens gelegene Frankfurt –
eine Stadt, die nicht wesentlich größer als Nürnberg ist –
gilt zwar als europäische Finanzmetropole, als »Main-
hattan«; es ist eine Drehscheibe des internationalen
Flug- und im Bahnhofsviertel des zwischenmenschlichen
Nahverkehrs. Dazu fühlt sich aber in Franken niemand in
Konkurrenz. Da sind die Franken auf recht unproblema-
tische Weise mit dem zufrieden, was sie haben. Ihnen
gefällt ihr Butzenscheiben-Kopfsteinpflaster-Nürnberg,
durch das stets ein Hauch von Lebkuchenduft und Bratwurstdunst wabert. Eine Stadt, in der das Mittelalter,
ganz im Gegensatz zu dem mit Wolkenkratzern gespick-
ten Frankfurt, so sehr Gegenwart ist, daß die Touristen
scharenweise verzückt zu ihren Fotoapparaten greifen
und das Gefühl haben, gerade hier ein Zipfelchen von
»Good old Germany« zu erhaschen. Wenn die dann nächtens noch die Frankfurter Bars und Striptease-Shows
aufsuchen wollen – bitte schön, das gönnt man den Hessen durchaus.

Die einzige nennenswerte Unstimmigkeit zwischen

Franken und Hessen scheint lediglich darin zu bestehen, daß den fränkischen Weingeistern ein Schoppen als Viertel- und ein Schöppchen als Achtelliter gilt, während die hessischen Äppelwoitrinker unter einem Schoppen einen halben Liter und unter einem Schöppchen ein Viertel verstehen.

Die Franken und die Thüringer

»Fried ernährt, Unfried verzehrt« war der Wahlspruch des Coburgischen Herzogs Johann Casimir. Zu Streit und Unfrieden blieb den Nordostfranken und den Südthüringern, die Seite an Seite leben, auch kaum Zeit, wenn sie sich notdürftig ernähren wollten. So entschlossen sie sich zu freundlicher und verträglicher Nachbarschaft. Die arbeitsame Bevölkerung in dieser rauhen und ärmlichen kleinen Welt war durch Verwandtschaft und Liebesgeschichten, Adelshäuser, Märkte und Sonntagnachmittagsbesuche vielfach miteinander verbunden, bis der Eiserne Vorhang, den der Zweite Weltkrieg dem friedlichen Landstrich hinterließ, diese Welt radikal voneinander trennte.

Die war nun plötzlich nicht nur mit Brettern vernagelt, sondern schlichtweg zu Ende. Mit einem Mal waren die Thüringer für die Franken »die von drüben« und schienen weiter entfernt zu sein als die Erde vom Mond. Oberfranken war bitterarmes Zonenrandgebiet geworden und konnte wirtschaftlich nur am Tropf bundesdeutscher Fördergelder am Leben erhalten werden.

Strukturschwach und arm sind Thüringen und Oberfranken auch heute noch. Wirtschaftsflüchtlinge gibt es nicht nur aus Ländern der dritten Welt, sondern innerhalb Deutschlands auch aus diesem Gebiet. Aber seit der Vereinigung von Deutschland Ost und West, seit Selbstschußanlagen und Stacheldraht, die man schon für ewige Zeiten installiert glaubte, verschwunden sind, beschnuppern sich die Thüringer und die Franken verhalten-freundschaftlich. Überschwengliche, temperamentvolle Gefühlsausbrüche sind weder die Sache der einen noch der anderen.

Diese zarten nachbarschaftlichen Bande werden immerhin gewaltig verstärkt durch die alte gemeinsame Liebe zu würzigen Rostbratwürsten und zum thüringisch-fränkischen Nationalgericht, den unnachahmlich guten Kartoffelklößen. Und das Selbstwertgefühl der Franken wurde erheblich gesteigert, seit sie zumindest geographisch wieder das sind, für was sie sich von jeher gehalten haben – Deutschlands Mitte. Wenn auch einige Thüringer behaupten, diese Mitte läge nun exakt bei ihnen.

Typisch fränkisch

Wortkargheit

Ihr Herz tragen die Franken nicht gerade auf der Zunge. So widersprüchlich und zwiespältig sie insgesamt sein mögen, den psychologisch Gespaltenen und In-sich-Zerrissenen fühlen sie sich in keiner Weise verbunden und zugehörig schon gar nicht. Psycho-Gurus haben hier keine Konjunktur, Selbsterfahrungsgruppen ebensowenig. TV-Talk-Shows mit Bekenntnischarakter würden im Sender Freies Franken, so es ihn denn gäbe, nur sehr geringe Einschaltquoten erzielen. Für derartige Selbstoffenbarungen ist der Boden der fränkischen Mentalität zu karg.

Wo doch sogar im engen Familienkreis die Frage nach dem Wohlergehen mit einem barschen: »Des geht dich gor nix on« oder mit: »Des kann doch dir worschd sei« abgewiesen wird. Bei höflicheren Franken ist es möglich, daß man die vieldeutig-knappe fränkische Allerweltsantwort »Bassd scho« erhält.

Natürlich gibt es unter den Franken auch einige wortgewandte Plaudertaschen. Etwa den aus Kulmbach stammenden Thomas Gottschalk, den ungekrönten König der Talkmaster des deutschen Fernsehens. In seinen

Shows kommen die Gäste gegen seinen kaum einmal versiegenden Redestrom nur mit Mühe zu Wort. Auch die vor barocker Lebenslust geradezu sprühende Renate Schmidt gehört zu dieser Spezies. Die bundesweit als *Rote Renate* bekannte SPD-Dauerspitzenkandidatin fordert seit Jahren die altbayerische Männerriege der CSU wortgewaltig zum rhetorischen Duell. Solche fränkischen Lockermäuler sind jedoch ganz deutlich die Ausnahme.

Die verschlossene, mitunter mürrische Wortkargheit steigert sich in Franken von Süd nach Nord und von West nach Ost. Folgerichtig kulminiert diese Eigenart im Nordosten des Landes. Die dunkle, waldreiche und einsame Landschaft Oberfrankens spiegelt sich förmlich im verschlossenen und herben Wesen des dort beheimateten Menschenschlages. Beispielsweise wird der Wunsch nach einem weiteren Glas Bier – sei es im Gasthaus, im Festzelt oder sonstwo – im restlichen Deutschland üblicherweise mit einem vollständigen Satz geäußert. »Fräulein, ich hätte gerne noch ein Glas Bier«, könnte man etwa in Hamburg vernehmen oder auch »Herr Ober, für mich noch ein Bier, bitte!«

Solch verbaler Aufwand gilt in Franken als Schnickschnack. Anreden, Höflichkeitsfloskeln und Bitten werden schlicht als überflüssig betrachtet. Und so lautet die auf den wesentlichen Informationsgehalt reduzierte Botschaft in diesem Fall kurz und knapp: »Nu ans.«

Aber auch diese dürre Order gilt mancherorts noch als weitschweifige Plauderei. Hierzulande gibt es die Sitte, bei der ein umgedrehter oder waagerecht auf den Tisch gelegter leerer Bierkrug denselben Zweck erfüllt. Mög-

licherweise knurrt dann der Kellner etwas Unverständ-
liches, wenn er einen frischen bringt. Sollte das nicht
gleich verstanden werden, dann kann durch ein knappes
»Hä?« wiederum folgendes ersetzt werden: »Wie bitte,
was haben Sie gesagt? Könnten Sie das bitte wieder-
holen?« Alles klar?

Direktheit

Wenn ein Franke seine Meinung äußert, dann läßt er sich
an Direktheit und schonungsloser Offenheit kaum von
jemandem überbieten. Dabei ist es einerlei, ob er zur
verschlossenen, wortkargen Spezies oder zu den raren
wortgewandten Lockermäulern zu rechnen ist. Wenn er
den Mund auftut, dann muß auch unverstellt heraus,
was er denkt. Gesetze des Taktes oder der Rücksicht-
nahme sind entweder unbekannt, oder sie werden
großzügig ignoriert. Zum Verstellen und Theaterspielen
fehlt den Franken jedes Talent.

Ein Franke, der in einem Zugabteil mit einer fremden
Familie sitzt, deren Nachwuchs gerade darangeht, das
Abteil zu zerlegen, wird dieses Verhalten weder säuerlich pikiert übergehen noch seine Meinung pädagogisch
wertvoll verklausulieren. Die Eltern der Rabauken bekommen vielmehr deutlich vernehmbar den Kommentar:
»Ihre Gnobbern (Flegel) breichd'n amol ä boär!« zu
hören. »Boär« sind klatschende Handreichungen zwischen Ohrfeige und einer Tracht Prügel.

Nicht-Franken zucken dabei vielleicht erschrocken
zusammen. Falls es sich bei der mitreisenden Familie

allerdings selbst um Franken handelt, gibt es nur zwei Möglichkeiten:

Sie nehmen sich den Kommentar zu Herzen und schreiten zur Tat.

Oder sie kontern unverzüglich: »Sog'n S' amol, wer hot denn Sie eigentlich wos fragt?«

Ein häufig zu hörender Einleitungssatz zu einer Meinungsäußerung ist: »Ich sag halt grad wie's ist!« Aber das ist keineswegs als vorauseilende Entschuldigung weniger wortgewandter Zeitgenossen gemeint, sondern es scheint sich vielmehr um eine Art kategorischen Imperativs fränkischer Sprechweise zu handeln, bei dessen strikter Befolgung die aufrechten Franken nichts und niemand schonen, auch sich selbst nicht. Sie betrachten es einfach als Ehrlichkeit, was von anderen als Ungeschicklichkeit oder als Unhöflichkeit gewertet wird.

Der aus dem mittelfränkischen Sportschuh-Mekka Herzogenaurach stammende Lothar Matthäus hatte als Top-Spieler des 1. FC Bayern München und Kapitän der deutschen Fußball-Nationalelf lange Zeit die Funktion des polternden Lautsprechers inne. Das fiel zwar den Bayern gar nicht weiter auf, aber im restlichen Deutschland amüsierte sich das Fernsehpublikum über die verbalen und mit vielen »Ähs« garnierten Eigentore.

Eine Synthese aus fränkischem Geradeheraus und Wortknappheit gelang einst Ludwig Erhard. Der Wirtschaftswunderminister der fünfziger und Bundeskanzler anfangs der sechziger Jahre, wandte sich mit dem in seiner Schlichtheit und Knappheit unübertroffenen Appell »Maß halten« an das nach dem Krieg zu üppigem Wohlstand gekommene bundesrepublikanische Volk. Der

Franke aus Fürth meinte damit keineswegs einen Maßkrug.

Bescheidenheit im Wohlstand

Angst vor Geld hat ein echter Franke nicht.

Fränkische Städte wie Rothenburg, Würzburg oder
Nürnberg waren schließlich bereits im Mittelalter Han-
delszentren, in denen mit dem Fernhandel reichlich Geld
verdient wurde.

Zu Wohlstand kamen die Franken, außer durch ihren
Fleiß, durch eine ausgeprägte Sparsamkeit, die nichts
umkommen läßt. Schon Albrecht Dürer war derart haushälterisch, daß in seinem Tagebuch häufiger Pfennige
und Gulden Erwähnung finden als Bilder und Kunstge-
genstände. So großkopfert, daß man nicht noch gebrauchen könnte, was anderswo längst weggeworfen würde,
ist hier niemand. Da gibt es Anspruchslose, die sich zwar
ein villenartiges Anwesen erbauen, dann aber im ererbten, bescheidenen Fünfziger-Jahre-Resopalmobiliar hau-
sen. Ja, das tut es noch lange, und was es dann doch
nicht mehr tut, wird nicht einfach weggeworfen. Immerhin kann es auf dem »Trempel- oder Krempelmarkt«, wie
der Flohmarkt hier genannt wird, noch einige Mark ein-
bringen. Was bei dieser Aktion übrigbleibt – der Leiterwagen mit drei Rädern, die löchrigen Stiefel des Groß-
vaters, der Dreschflegel, den man wirklich nicht mehr
gebrauchen kann –, das nimmt seinen Weg in eines der
Heimatmuseen.

Und im Wirtshaus wird im Zweifelsfall lieber »der Magen verrenkt, als dem Wirt was geschenkt«. »Bedienung, wo ham S' denn mein Teller hin?« ruft da ein kräftiges Mannsbild im Gasthaus. Die Voreilige wagte es, abzuräumen, obwohl sich da noch ein »Schnerpfela« Stadtwurst darauf befand. Das wird selbstverständlich noch verzehrt.

Neureiches Gebaren ist den Franken genauso fremd wie allzu kleinliches Geizen. Nach der Devise: »Wer sich alles verkneift, wird nur verkniffen«, gehen sie in diesem Punkt nicht so weit wie etwa ihre schwäbischen Nachbarn.

Die Franken bleiben auf dem Teppich, es muß allerdings kein Perser sein. Das Aufschneiden liegt ihnen genausowenig wie Versteckspielen. Man kann durchaus auf einen fränkischen Ferrarifahrer treffen, der ganz selbstverständlich mit dreckverschmierten Gummistiefeln und Arbeitshosen aus dem Wagen steigt, weil er gerade bei einem Nachbarn auf der Baustelle ausgeholfen hat.

Ihre großzügige und heiter-genußfreudige Seite wird derjenige kennenlernen, der bei Franken zu Gast ist. Wenn vier Personen eingeladen sind, dann werden fünf Kuchen gebacken, ein Schwein geschlachtet und ein Faß Bier angestochen. Aber ausgetrunken und aufgegessen muß werden, und zwar bis zum letzten »Schnerpfela«, denn umkommen lassen die Franken nichts …

Trinkfreudigkeit & Trinkfestigkeit

Franken scheint eine Art Indianerreservat zu sein, in dem uralte archaisch anmutende Trinksitten die Zeiten überdauert haben. Gelage, bei denen unsere germanischen Ahnen Met kübelweise konsumierten, antike Kulte, bei denen in orgiastischer Zügellosigkeit dem Weingott Dionysos im Vollrausch gehuldigt wurde, all das ist in Franken lebendig. Die herben Weine, die an den Hängen des Mains gedeihen, und die zahllosen fränkischen Biersorten werden hier nicht nur ausgesprochen gerne, sondern auch in ganz erstaunlichen Mengen getrunken. An viele der Spezialitäten, etwa das Bamberger Rauchbier, muß sich der Nicht-Franke sowieso erst »herantrinken«. Sie schmecken erst ab dem dritten oder vierten »Seidla«. Nach einem Zuviel an Bier oder Wein erhofft man sich von einem oder mehreren der selbstgebrannten Schnäpse eine segensreiche Wirkung. Ein Alkoholrausch ist in Franken weder ein Kavaliersdelikt, noch ist er irgend jemand peinlich, er ist geradezu von Zeit zu Zeit ein gesellschaftliches Muß und, zumindest für Männer, Ehrensache. Für männliche Jugendliche ist der erste Rausch eine Art Initiationsritus, um nach einer folgenden heftigen Sturm- und Trankzeit zum Kreis der richtigen Mannsbilder zu gehören.

Eine angetrunkene Frau in der Öffentlichkeit – sonst deutschlandweit eines der letzten gesellschaftlichen Tabus – wird augenzwinkernd toleriert. Da heißt es: »Die verträgt aber was!«, was durchaus anerkennend gemeint ist, solange sie nicht mit dem Nachbarn knutscht oder ekstatisch auf dem Wirtshaustisch zu tanzen beginnt.

Ein Mann im Vollrausch genießt dagegen völlige Nar-

renfreiheit. Fängt er eine Rauferei an – es wird ihm verge-
ben. Betätigt er sich als Pokneifer und Busengrapscher –
Schwamm drüber. Legt er sich zu Opfern eines Autoun-
falls an den Straßenrand – er kann mit der milden Nach-
sicht der Sanitäter rechnen und wird mit Blaulicht, das
nun einen doppelten Wortsinn erhält, heimkutschiert.
Hier gilt: Je mehr sich einer danebenbenimmt, um so
eher darf er damit rechnen, neben Sankt Sebaldus und
dem heiligen Kilian in der Ortslegende als Original und
»doller Dübb« verewigt zu werden.

Fränkische Sitten & Gebräuche

Etikette, Sitzordnung, Kleiderfragen, wer hält den Wagenschlag auf, wer grüßt wen zuerst ... in Franken spielen solche Probleme kaum eine Rolle. Die fränkischen Umgangsformen können als rauh und robust bezeichnet werden. Um sich mit ihnen vertraut zu machen, suche man sich in der Fußgängerzone einer fränkischen Stadt den belebtesten Platz aus – und gehe da einfach durch. Wem das unbeschadet gelingt, der hat Glück gehabt. Körperkontakt in Form von kleineren bis heftigeren Rempeleien sind im Gedränge durchaus üblich, manchmal wird man aber auch schlichtweg »übern Haufn grennt«.

Ein beiläufig gemurmeltes »Hoppala« gilt in so einem Fall bereits als förmliche Entschuldigung. Das nehmen Franken untereinander keinesfalls krumm, sie wundern sich vielmehr über die »Empfindlichkeiten« von Nicht-Franken, die das als blanke Unhöflichkeit auffassen. So etwas kann problematisch werden, denn schließlich besuchen ausländische Touristen – allen voran japanische und amerikanische – scharenweise so romantische Städte wie Nürnberg, Würzburg, Bamberg oder Rothenburg. (Bekanntlich ist die japanische Höflichkeit geradezu sprichwörtlich, und die Amerikaner wiederum sind an viel Platz gewöhnt und schätzen direkten Körperkontakt mit Fremden nicht besonders.) Sie sehen in diesen alten Städten wahre Schatzkästlein, den fränkischen Menschen darin aber nicht unbedingt als Schatz. Eher als harte Nuß, dessen Schale sie bei der Kürze des Aufenthaltes unmmöglich zu knacken imstande sind. Die aufrichtige Herzlichkeit und Gastlichkeit der Franken verbirgt sich oftmals hinter einer hemdsärmeligen Rauhbeinigkeit und Ruppigkeit.

Gastfreundlichkeit heißt zwar nicht, daß zuerst und nur der Gast freundlich zu sein hat, damit er in einer Gastwirtschaft etwas vorgesetzt bekommt, wie Bismarck einst meinte. In einem fränkischen Wirtshaus kann es aber durchaus passieren, daß sich erst einmal der Wirt selber sein »Seidla« einschenkt, um den eigenen Durst zu löschen, bevor der Gast nach seinen Wünschen gefragt wird. Das ist keinesfalls unhöflich gemeint, aber das Dienern liegt den Franken einfach nicht, schließlich waren sie einmal Herrscher.

Texas-Sitten

Streitbar waren sie schon, als sie noch ein großes Reich zusammenhalten mußten und als Kreuzritter ins Heilige Land zogen. Der syrische Ritter Usama ibn Munquid schrieb im Jahre 1180 sein *Buch der Belehrungen und Beispiele*. Ein ums andere Mal preist er darin Allah, weil er als Araber geboren wurde und nicht zu den Franken gehörte, diesen »Heidensöhnen, die nur die Tugend der Tapferkeit und des Kampfes kennen«.

Heute tragen viele Franken mental und verbal die Streitaxt und das Schwert vergangener Tage mit sich herum und leben diese »Tugenden« im »zivilisierten« Alltag des beginnenden 21. Jahrhunderts aus. Stets sind sie bereit, sich, wie in den alten Tagen, tatkräftig zu verteidigen. Auch wenn es da nichts zu verteidigen gibt, sind sie doch allzu gerne bereit, kleine Mißgeschicke, unbedeutende Meinungsunterschiede oder ganz normale Alltagskatastrophen sogleich als *casus belli* aufzufassen.

Kaum eine Kirchweih, ohne daß eine Schlacht im kleinen ausgetragen und gerauft wird. Wenn es dafür sonst keinen Grund gibt, genügt ein kurzerhand an den Nachbarn gerichtetes »Wos schaust denn so bled?«, und schon ist die deftigste Rangelei im Gange.

Egal, ob man im Supermarkt reklamiert, weil einem versehentlich eine angematschte Tomate eingepackt wurde, ob man anderer Meinung ist als der Chef oder auf der »Kärwa« zuviel Schaum im Bierglas hat – der Franke und selbstverständlich auch die Fränkin sind gerüstet und bereit, sich ihr Recht zu erstreiten. Dem bayerischen gemütlichen »Do schau amol her, mei Ruah will i ham« steht das fränkische trotzige »Do meched ich fei scho mei Rechd hom« gegenüber. Daß man das nicht von selbst bekommt, sondern daß dies erstritten sein will, davon ist jeder Franke überzeugt. Die zivilisierte Möglichkeit, derartige Vorkommnisse mit ein paar freundlichen, verbindlichen Worten zu bereinigen, hat sich noch nicht überall herumgesprochen. Häufig wird eine, respektive mehrere kräftige Ohrfeigen »a Drumschelln« als probates Mittel zur Lösung zwischenmenschlicher

Probleme und auch der Kindererziehung angesehen. Das hat den Franken bei den übrigen Mitdeutschen den Ruf eingetragen, die Texaner Deutschlands zu sein.

Da die Besucher Frankens meist völlig friedlich auf ihren touristischen Pfaden wandeln, bleiben die Franken bei ihren Raufhändeln in der Regel unter sich. Fremde seien jedoch davor gewarnt, Franken, die sich in gut angesäuseltem Zustand befinden, zu widersprechen. Zack, schon ist die Backe dick.

Begrüßungen

Eine imaginäre Trennlinie scheidet Deutschlands Norden vom Süden, zumindest was das Begrüßungsritual des Händedrucks anbelangt. Nördlich dieser Linie gilt das innige Schütteln der Hände schon beinahe als intimer körperlicher Kontakt, den es tunlichst zu vermeiden gilt. Im Süden ist dieser Händedruck zu allen Gelegenheiten obligatorisch. Die Hand von Nachbarn, Kollegen, flüchtigen Bekannten, Freunden, Verwandten oder dem Vorgesetzten wird gedrückt und mitunter eine ganze Weile festgehalten, während man schon die ersten Sätze wechselt.

Die Franken haben dieser süddeutschen Standardbegrüßung ihre eigene Variante hinzugefügt – den Schlag auf die Schulter bei gleichzeitigem Händedruck. Dabei können zartere Naturen leicht in die Knie gehen oder zumindest zusammenschrecken. Von sensiblen Fremdlingen wird das möglicherweise sogar als Auftakt zu einer tätlichen Auseinandersetzung mißdeutet. Dabei ist diese Geste lediglich der Ausdruck ganz besonderer Wertschätzung und anteilnehmender Herzlichkeit. Trifft ein Franke beispielsweise nach jahrelangem Aufenthalt außer Landes – sei es nun Bayern oder Übersee – an seinem ehemaligen Stammtisch auf Freunde von früher, dann ist es eigentlich unumgänglich, daß ihn mehrere wuchtige Schulterschläge treffen. Die werden in diesem Fall noch verbunden sein mit unübersetzbaren Ausrufen, wie »Allmächd, etzädlä leggsd mich am Oasch! Hogg di här, altä Hiddn!«. Was in etwa bedeuten könnte: »Das gibt es doch gar nicht! Setz dich her, alter Knabe!« Der Franke wird sich ohne Zweifel sogleich wieder heimisch und aufs freundlichste empfangen fühlen. Ein Nordlicht wird das nicht unbedingt genauso sehen.

In Wirtshäusern und Kneipen wird zur Begrüßung einer ganzen Tischrunde mit den Knöcheln der geschlossenen Faust so kräftig auf die Tischplatte geklopft, daß mitunter das Bier aus den Gläsern spritzt. So merkt dann gleich jeder der Anwesenden, daß ein Neuankömmling die Trinkgemeinschaft erweitert. Aus Frankreich übernommene Bussi-Rituale, die in München zur Pflichtübung gehören, wenn man zu Kreisen gehören will, die sich selber als gehoben und angesagt betrachten, finden in Franken nur sehr zögerlich Einlaß. Hier befinden sich allenfalls in den Universitätsstädten studentische Kreise junger Leute in der ersten Übungsphase. Grußworte wie »Ciao«, »Hallo«, »Tschüß« oder »Hi« werden von jungen Leuten selbstverständlich benutzt, von älteren gestandenen Franken jedoch als »unfränkisch« gegeißelt. Ein unter Frankenmännern mit spitzem Mund hingehauchtes »Hallöchen« wäre völlig undenkbar.

Duzen, Siezen und Ihrzen

Zwischen der formellen Anrede »Sie« und dem vertrau-
lichen »Du« kennen die Franken eine elegante dritte
Form – das »Ihr«. Grammatikalisch betrachtet handelt es
sich eindeutig um die zweite Person Plural; im Fränkischen kann jedoch auch eine Einzelperson damit angesprochen werden. Auf der zwischenmenschlichen Ebene
signalisiert die Anrede »Ihr« nämlich, daß man bereits
einen gewissen Grad des wohlwollenden Entgegenkom-
mens, der Offenheit und der Sympathie zu erwarten hat.
Etwa wenn jemand bei einem Ortsfest einen Sitzplatz
sucht, an einem der Tische gerade zusammengerückt
wird und die freundliche Aufforderung kommt: »Hier
könnt Ihr Euch noch dazusetzen!« Das »Du« wäre hier
überhaupt nicht angebracht, weil man sich gerade das
erste Mal sieht. Akzeptiert der Angesprochene aber das
»Ihr«, dann kann innerhalb kurzer Zeit, nahezu gleitend,
zum »Du« übergegangen werden. Dieser Übergang ist ja
in Deutschland manchmal so kompliziert und mühsam
wie Hannibals Überquerung der Alpen. Stößt jedoch der
Auffordernde mit dem »Ihr« beim Gegenüber auf norddeutsche Reserviertheit, englische Blasiertheit, französische Distanziertheit oder sonst ein befremdliches Verhalten, dann kann er sich sogleich auf das Abstand hal-
tende, offiziell-formelle »Sie« zurückziehen.

Tischsitten

Feiertage, Festtage oder schlicht Sonntage werden fast
überall auf der Welt und somit auch in Deutschland

gerne mit einem besonderen Essen begangen. Und weithin ist für ein feierliches Essen auch ein feierlicher Rahmen unumgänglich. Tischdekorationen können da zu einer eigenen Kunstform werden, die richtige Sitzordnung und die Handhabung spezieller Bestecke zu einem komplizierten Ritual.

Anders in Franken! Ob zu Hause oder im Lokal, sie machen sich das Feiern und Schmausen keinesfalls mit steifen Tischsitten und einer verwirrenden Anordnung von Bestecken und Gläsern schwer. Was sich essen läßt, gehen sie schlicht mit Messer, Gabel und Löffel an, und vor allem mit gutem Appetit. Komplimente an die Köchin oder den Koch werden als überflüssig betrachtet. Das größte Lob besteht nach Meinung der Franken schließlich darin, daß am Ende der Mahlzeit die Teller restlos leer gegessen sind. Da eine der fränkischen Lieblingsbeschäftigungen bei einem Festmahl das hingebungsvolle Abnagen von Bratenknochen ist, das »Ofieseln« oder »Ozulln«, ziert am Ende desselben den Tisch ein abwechslungsreiches Stilleben von abgenagten Knochen und Soßenflecken. Und was die Tischdekoration anbelangt, so ist man in Franken der Meinung, daß es der allerschönste Schmuck für eine Festtafel ist, wenn ihn ein Braten von solchen Ausmaßen krönt, daß anderswo leicht ein ganzes Heer damit zu verköstigen wäre.

Fränkischer Humor

Da hört man immer wieder Klagen ernsthafter Deutscher, die behaupten, es habe ein Franke deutlich geschmunzelt, ja, es sei sogar eine ganze Stammtischrunde in schenkelklopfendes Gelächter ausgebrochen, wo sie sich nur dumm angeredet, wenn nicht gar schwer beleidigt fühlten. Handelt es sich beim fränkischen Humor womöglich um eine Sonderform der Komik, die nur in Franken verständlich ist? Im Mittelfränkischen serviert beispielsweise eine Kellnerin gänzlich unbeeindruckt von schwarzen Gewitterwolken und drohendem Donnergrollen eine umfangreiche Mahlzeit im Wirtsgarten. »Und wenn uns jetzt mittendrin der Blitz erschlägt, was machen wir denn dann?« will etwas irritiert ein Gast wissen. Sie wirft zuerst einen prüfenden Blick zum dunklen Himmel, dann auf die Gäste und rollt währenddessen unbeirrt die Bestecke aus den Servietten. »Gäste, die wo der Blitz derschlägt«, gibt sie frank, frei und lachend zur Antwort, »die schmeißen mir einfach in die Pegnitz.« Die am Tisch sitzenden Franken fanden das sehr spaßig. Einer anwesenden Rheinländerin erschloß sich dieser robuste Witz leider nicht. Sie lächelte betreten, erhob sich und nahm vor dem in Aussicht gestellten Schicksal, als

Blitzerschlagene in die Pegnitz geworfen zu werden, Reißaus.

Der Humor müsse schon total sein, forderte Jean Paul, einer der wenigen fränkischen Literaturheroen aus dem oberfränkischen Städtchen Wunsiedel, in seiner »Vorschule der Ästhetik«. Ob der fränkische Humor nun total ist oder nicht, das wird möglicherweise auf immer ein ungelöstes Rätsel bleiben. In jedem Fall ist er recht schwarz und gallig, man kann geradezu von einer fränkisch-englischen Witzallianz sprechen:

Im Nürnberger Reichswald unternimmt eine Familie samt Kindern und Hund einen Sonntagsnachmittagsspaziergang. Plötzlich stolpert eines der Kinder über ein abgetrenntes Bein, das auf dem Weg liegt. »Suwos na«, murmelt die Mutter, dann setzt die Sippe aber ungerührt ihren Weg fort. Nach wenigen Schritten zerrt der Hund einen Arm hinter einem Gebüsch hervor. »Also naa, des gibt's doch ned«, wundert sich der Vater, und als er nach einigen weiteren Metern den dazugehörigen Kopf entdeckt, meint er erstaunt zu seiner Frau: »Du, schau amol hie, des is ja der Onkel Otto!« Worauf seine Frau entgegnet: »Allmächd, dem werd doch nix bassierd sei.«

Über Witze dieser Sorte können sich die Franken ausschütten vor Lachen.

In die gesamtdeutsche Sphäre dringen fränkische Witze allerdings kaum vor, sie umkreisen vielmehr ihre Entstehungsorte in engem Radius. Es fehlen ihnen auch überregional bekannte Helden wie das verschmitzte Kölner Duo Tünnes & Schäl oder die verschlagene Hamburger Klein Erna. Während der Zuhörer beim Kölner, Hamburger oder auch beim schwäbischen Geizkragen-Witz die Pointe zumindest noch ahnt, weiß er beim fränkischen nicht so recht, ob er gerade mit Konfetti oder mit Jauche überschüttet wurde. Weitschweifige Erklärungen wären notwendig, aber die sind bekanntlich der Tod jeder Pointe. Eine witzbegierige Zuhörerrunde kann das nicht ausstehen. Schließlich will man lachen und nicht Volkskunde treiben.

Die Franken haben ihren Spaß an vierschrötigem Schabernack und Eulenspiegeleien, grad so, als würde Hans Sachs mit seinen spätmittelalterlichen Schwänken bei ihren derben Neckereien Pate stehen.

In den siebziger Jahren war im unterfränkischen Kitzingen ein farbiger US-Colonel stationiert. Der hielt die Bezeichnung »Negerküsse« für die schokoladenüberzogenen süßen Klebrigkeiten für rassendiskriminierend und intervenierte deswegen sogar bei der Bundesregierung, um eine Umbenennung zu erreichen. Die Kitzinger fanden jedoch in ihrer nüchtern-pragmatischen Art, daß an »Negerküssen« überhaupt nichts auszusetzen sei und hielten an der althergebrachten Bezeichnung fest. Deshalb konnte die Meinungsverschiedenheit nicht beigelegt werden.

Die Kitzinger reagierten aber keineswegs säuerlich, sondern süß. Als der Colonel einige Zeit später in die Staaten zurückkehrte, schickte ihm ein fränkischer Spaßvogel als Abschiedsgruß hundert Kartons mit den klebrigen, schokoladeüberzogenen Süßigkeiten. Wie er das nun nennen wollte, wurde augenzwinkernd ihm überlassen.

Solche Geschehnisse, die anderswo als Peinlichkeit verbucht und unter den Tisch gekehrt würden, liefern hierzulande Stoff für lachsalvenerzeugende Anekdoten.

Die Franken gehören jedoch nicht zu denen, die zwar kräftig austeilen, aber höchst sensibel reagieren, wenn sie selber etwas einstecken sollen.

Da wird eher schlagfertig gekontert und über sich selbst gelacht. Ein Bauer aus dem fränkischen Knoblauchsland kommt nach Nürnberg. Er sieht auf der anderen Straßenseite ein großes Gebäude und fragt einen vorbeikommenden Nürnberger: »Sogn S' amol, was is denn des do drüm fir a Haus?«

»Des is a Narrenhaus, fir die närrischn (verrückten) Bauern«, bekommt er zur Antwort.

»Ach su«, entgegnet der Bauer knitz, »des hob ich mer gleich denkt, daß des fir dei Nembercher zu gla (klein) gwesn wär.«

Spaß ist für viele Menschen ja bekanntlich noch schwerer zu verstehen als Hegels »Phänomenologie des Geistes«, wer sich jedoch auf diese derben Scherze einlassen kann, sie womöglich schlagfertig pariert, der kann die Herzen der sonst eher spröden Franken leicht gewinnen und wird in lebhafter Erinnerung bleiben. Noch Jahre danach wird man von einem solchen Spaßvogel erzählen, und sollte er wieder einmal an den Ort des Geschehens zurückkehren, so wird er begrüßt und empfangen werden wie ein alter Bekannter, dessen Anwesenheit man sich keinesfalls entgehen lassen will. Versteht man den Spaß aber nicht, wäre es besser, das Städtchen noch in der gleichen Stunde zu verlassen.

Die Franken und ihre Familie

Die Franken besitzen einen ausgeprägten Familiensinn.

Dafür brauchen sie aber nicht ständig die unmittelbare Nähe ihrer Anverwandten unter einem Dach oder bei rituellen Sonntagsnachmittagskaffeerunden mit sämtlichen Cousins und Cousinen dritten Grades.

Wird ein Franke oder eine Fränkin jedoch von Unbilden, Unglücksfällen oder Schicksalsschlägen gleich welcher Art und welchen Schweregrades auch immer heimgesucht, können sie fest auf die Unterstützung ihrer Sippe zählen. Franken sind in ihrer Hilfsbereitschaft überwältigend verläßlich und unkompliziert. Niemand erwartet dafür hinterher lange Dankesreden. Dabei ist es ziemlich gleichgültig, ob man in nächster Nähe mit einer Autopanne liegengeblieben ist oder ob man im Urwald von Papua-Neuguinea steckt und die Rückflugtickets verloren hat. Ein Familientrupp wird losziehen, der dann prompt den Reifen wechselt oder das Auto abschleppt, eine Rückflugmöglichkeit organisiert und sich notfalls mit Macheten einen Weg durch den Dschungel bahnt. Auch wenn die Verbindung sonst eher locker sein mag, stellen solche Notfälle eine echte Herausforderung für einen Frankenclan dar. Und diese Herausforderung wird angenommen und bewältigt, indem man zusammenhält wie eine verschworene Schicksalsgemeinschaft.

Nachbarschaft

Diese Art von spontaner und, falls nötig, umfassender Hilfsbereitschaft erstreckt sich, zumindest in den ländlichen Gegenden auch auf die Nachbarn und die Ortsgemeinschaft. Falls jemand das Dach über dem Kopf abbrennt, läßt man ihn nicht in Stich. Wer es irgendwie möglich machen kann, tritt am nächsten Morgen in Arbeitshosen und Gummistiefeln, bewehrt mit Schaufeln und Eimern an, um bei den Aufräum- und Aufbauarbeiten zu helfen. Viele Worte werden dabei nicht verloren, wenn nur Bier und eine reichliche Brotzeit vorhanden sind, dann »bassd's scho«. Selbst in Städten kann man ohne Federlesens beim Nachbarn klingeln, um sich fehlende Kochzutaten auszuborgen. Falls man bisher noch nicht miteinander bekannt war, kann man es bei dieser Gelegenheit gleich werden.

Familienfeste

Besondere Familienfeste wie Kindtaufe, Kommunion, Konfirmation, Polterabend, Hochzeit oder runde Geburtstage werden in Franken in äußerst ausgedehnter Runde gefeiert. Sie sind ein willkommener Anlaß, um Verwandte dritten und vierten Grades zu sehen, die man sonst selten zu Gesicht bekommt. Gefeiert wird meistens zu Hause, denn kaum jemand kann es sich leisten, hundert bis hundertfünfzig Franken im Restaurant satt zu bekommen. So wird notfalls die Garage zum Festsaal umfunktioniert, und eine Crew weiblicher Verwandtschaft tritt zusammen, um die Massen mit Unmengen von Braten und Kartoffelklößen zu speisen.

In den Städten werden solche Festivitäten begangen, ohne daß dafür eigens ein ganzer Ochse geschlachtet werden muß. Vielerorts gibt es pfiffige Metzgereien, die mit einem eigenen Partyservice dafür sorgen, daß auch hier private Feiern in altfränkischer Manier ablaufen können, ohne daß die Hausfrau hinterher ins Müttergenesungsheim geschickt werden muß.

Frankenmann & Frankenfrau

Wer glaubt, Chauvis und Machos seien in den letzten zwei Jahrzehnten in ganz Deutschland ausgestorben, befindet sich eindeutig im Irrtum. Franken ist für sie ein Biotop. Unbemerkt vom Rest der Republik und von der gesamtdeutschen Frauenbewegung hat dort eine stattliche Anzahl dieser Spezies überlebt: Männer, die sich selber für wahre Teufelskerle halten und grüblerische Stadtneurotiker oder Milch kochende Softies mit grinsender Häme überschütten, so sie ihnen in Franken je begegnen.

Nach alter Väter Sitte ist der Frankenmann nach wie vor davon überzeugt, daß er der Schönste, Beste und Größte ist und mit uneingeschränkter Macht das Kommando führt.

Nach Art eines völlig unaufgeklärten Absolutisten kann hierzulande der »Schorsch«, der es sich gerade vor dem Fernseher feierabendlich gemütlich gemacht hat, rufen: »Geh, Marri, mach amol die Küchentür zu, ich konn di gar net su rackern sehn. Ober schau zu, daß d'mer vurher a Bier bringsd.«

An der Frankenfrau sind aber Veränderungen im kollektiven weiblichen Bewußtsein nicht gänzlich spurlos vorübergegangen. Zwar zählen die Fränkinnen gewiß nicht zur Speerspitze der Emanzipationsbewegung, aber auch für sie sind die Zeiten dahin, in denen sie nur mit heimlicher List und auf allerlei Umwegen hoffen konnten, ans Ziel ihrer Wünsche zu gelangen.

Mancher Frankenmann versteht die Welt nicht mehr, wenn deutlich Rechte eingefordert werden.

Der »Schorsch« staunt daher nicht schlecht, wenn seine »Marri« neuerdings zurückruft: »Du, wickel amol die Glaa (Kleine), no kannst glei staubsaugn, die Wäsch aufhängä, den Abfall runterbringä, einkaufn gehe, und auf'm Ruckweg konnst der dei Bier glei selbä huln, bevors d' mir a Tassn Kaffee machst.«

Für viele erhält deshalb die Ansicht Jean Pauls neue Aktualität. Der Literaturheroe aus der oberfränkischen Provinz meinte vor rund zweihundert Jahren:

Die Weiber – ja, es ist ein Teufelsvolk;
scheinen sie schlimm, so sind sie es auch!
Scheinen sie es nicht, so sind sie es doch.

Die Diskrepanz zwischen diesen weiblichen Aufforderungen und Neuerungsversuchen und männlichem Festhalten am »Schon-immer-so-Gewesenen« birgt natürlich Konfliktstoff in Fülle. Und weil sowohl der Frankenmann als auch die Frankenfrau eher zu den handfesten Saft-und-Kraft-Gestalten gehören als zu den zarten Sensibel-chen, werden solche Konflikte auch in Franken zuneh-men.

Im Moment enden sie noch mit einem Unentschieden, wenn der »Schorsch« kopfschüttelnd murmelt: »Also suwas, also Marri, wo gibds'n des?«, aber sich immerhin erhebt und sich sein Bier selbst aus dem Kühlschrank holt.

Kinder

In Franken existiert der Begriff des »Stammhalters« noch. Die Geburt eines Sohnes veranlaßt den stolzen Va-ter unter dem Beistand von Freunden und männlichen Verwandten einen ausgiebigen Zug durch die örtlichen Wirtshäuser zu unternehmen. Das gleiche geschieht auch bei der Geburt einer Tochter, man muß sich schließ-lich ein wenig trösten.

Berühmte Familien – Kain und Abel in der Provinz

Im zwischenmenschlichen Bereich sind die Franken nicht so schnell aus dem Gleichgewicht zu bringen. Das fränki-sche Verständnis von Freundschaft und Verwandtschaft, Treue und Zusammenhalt reicht fast an den Nibelungen-eid heran. Kommt es aber einmal zu einem tiefgreifenden

Zerwürfnis, dann führt kein Weg mehr zurück. Der Zorn kann dann alttestamentarische Ausmaße annehmen. Die Brüder Adolf und Rudolf Dassler, aus dem mittelfränkischen Herzogenaurach, sind dafür beispielhaft.

Anfangs waren die späteren Turnschuhgiganten Geschäftspartner, die in den zwanziger Jahren ihre erste gemeinsame Schuhfabrik gründeten. Schon 1928 trugen einige Teilnehmer der Olympischen Spiele in Amsterdam Schuhe der Dassler-Brüder. Bei den Spielen 1936 in Berlin wurden vier Goldmedaillen in Dassler-Spikes errungen. Doch die brüderliche Erfolgsstory währte nicht lange. Wegen einer Frau – so wird gemunkelt – wurden aus den erfolgreichen Partnern bitterböse Feinde. Kurz nach dem Zweiten Weltkrieg gründete Adolf (Adi) Dassler die Adidas-Werke, bereit, die Welt des Sports zu erobern. Noch im gleichen Jahr eröffnete Rudolf Dassler seine eigene Schuhfabrik. Mit dem Markenzeichen des sprungbereiten Pumas dem verhaßten Bruder gleichsam im Nacken. Die Fabriken wurden nur vom kleinen Flüßchen Aurach getrennt. Der gleiche zänkische Geist wehte hier wie dort, und doch waren es zwei Welten. Kriegsstimmung herrschte von nun an zwischen den beiden Brüdern, und die forderten bedingungslose Gefolgschaft von ihren »Clans«. In den Adidas-Hallen war das Thema Puma abolutes Tabu, und umgekehrt verhielt es sich nicht anders. Ein Arbeitsplatzwechsel zwischen den beiden Firmen war undenkbar, das Tragen des jeweils falschen Schuhwerks wurde mit Kündigung bedroht. Selbst beim feierabendlichen Besuch des Wirtshauses wollte bedacht sein, ob das überwiegend von Adidas- oder Puma-Mitarbeitern besucht wurde.

Schließlich wurde das Städtchen Herzogenaurach zu klein für die unerbittlichen Streitereien der beiden Brüder und der fränkische Schuhkrieg in die Welt hinausgetragen. Bei den Olympischen Spielen 1968 in Mexico City wußten es Adidas-Angehörige geschickt so einzurichten, daß das Puma-Equipment beim Zoll festgehalten wurde. Die Schuhe trafen deshalb zu spät ein, und hinfort war Adidas offizieller Ausstatter der deutschen Nationalmannschaften und Puma wieder mal ausgestochen.

Seit die beiden Firmengründer gestorben sind und keine Familienmitglieder aus den beiden Dassler-Clans in den Firmenmanagements das Sagen haben, hat sich die offene Feindschaft gelegt. Das Tragen der jeweils »feindlichen« Turnschuhe wird in den Firmen jedoch noch immer nicht gerne gesehen, und die Histörchen und Anekdoten aus jenen kriegerischen Zeiten sind in Turnschuh-City nach wie vor lebendig. Und heute kann man darüber lachen – was jahrzehntelang nicht möglich war.

Berühmte Familien – Wagnerdämmerung
Bayreuth – das zergeht auf der Zunge, das ist für einen Monat im Jahr der Grüne Hügel, das sind die Festspiele, das ist Richard Wagner. Ganzjährig ist es aber – außer Maisels Hefeweizen und naturbelassenem Zwickl-Bier – die Wagner-Dynastie selbst, die unablässig neue Vorstellungen gibt. Ein Clan, der seit einhundert Jahren das Erbe Richard Wagners hingebungsvoll verwaltet und um dieses Erbe ebenso hingebungsvoll streitet und

balgt. Denn jeder in dieser illustren Familie glaubt sich anscheinend allein berechtigt, den heiligen Gral zu hüten.

In puncto Dramatik stellt dieser Familienstreit mühelos antike Tragödien, nordische Heldensagen und amerikanische Soap-operas und selbst die nicht enden wollenden Opern des Dynastiegründers selbst in den Schatten. Das ist ein Über-, Durch- und Gegeneinander, ein gelegentliches Miteinander, aber dann gleich wieder ein Hauen und Stechen, verbunden mit einer eigentlich ganz unfränkischen Theatralik, dafür aber von nicht zu unterschätzendem Unterhaltungswert.

Und weil derartig große Opern stets nach großem Publikum verlangen, um ihre Opulenz so richtig zu entfalten, hat es auch der Wagner-Clan gar nicht erst mit halbherziger Diskretion versucht, sondern ist immer gleich in die vollen gegangen. Abgesehen davon, daß sie etliche Boulevardblätter mit Stoff versorgen und damit die weltweite Wagner-Gemeinde in Atem halten, plaudern die Wagners vor allem in Buchform genüßlich aus dem familiären Nähkästchen.

Wagner-Enkelin Friedelind arbeitete in *Nacht über Bayreuth* die düsteren, dämonischen Kapitel auf. Darin erfährt man wie »Onkel Wolf« (Adolf Hitler) sehr vertraulich in der Familie und speziell mit Friedelindes Mutter Winifred verkehrte.

Winifred Wagner war nicht nur nach dem Tod ihres Mannes, des Wagner-Sohnes Siegfried, fünfzehn Jahre lang Alleinherrscherin und Festspielleiterin auf dem Grünen Hügel, sie hegte auch eine grenzenlose Bewunderung für »Onkel Wolf«. Allen herumschwirrenden

Gerüchten trat sie aber wacker entgegen. Als Klaus Mann sie 1945 als Kriegsberichterstatter für *Stars & Stripes* besuchte, empfing sie ihn mit den Worten: »Eine Frage, Herr Mann, brauchen sie gar nicht erst an mich zu richten – ich habe nicht mit Adolf Hitler geschlafen.«

Dann mußte sie lange Zeit den Mund halten, aber dreißig Jahre später, 1975, dröhnte sie in Hans Jürgen Syberbergs Mikrofon: »Wir alten Nationalsozialisten haben nach dem Krieg einen neuen Decknamen erfunden, da man ja in aller Öffentlichkeit nicht über ihn reden konnte, und wenn wir über ihn reden wollten, dann haben wir ihn ›USA‹ genannt; das heißt auf deutsch: unser seliger Adolf.« Und ganz zum Schluß dieses Interviews noch einmal: »Wenn der Hitler heute hier zur Tür reinkäme, ich wäre genauso fröhlich und so glücklich, ihn hier zu sehen und zu haben als wie immer.« Das war ein mehr als wuchtiger Paukenschlag in einer Zeit, als man die braune Epoche endgültig mit Tabus zugedeckt glaubte. Bei dieser Gelegenheit wurde man aus dem Mund der hohen Frau auch daran erinnert, daß USA nicht nur zu den Festspielen nach Bayreuth kam, sondern auch »als Freund des Hauses«, »um Familienleben zu genießen« und »um die Kinder zu sehen«. »Sie haben ihn eigentlich als guten Onkel betrachtet, und er hat sich wirklich als solcher bei uns aufgeführt. Er war ganz rührend mit den Kindern.«

Winifred selbst war mit ihren Kindern dagegen nicht so rührend, wie Friedelind zu berichten weiß. Sie war als einzige Emigrantin das schwarze Schaf der Familie. »Wenn du nicht hören willst«, so lautete die furchtbare alttestamentarische Drohung, mit der Mutter Winifred ihre Tochter aus dem Schweizer Exil heim ins Reich scheuchen wollte, »wird der Befehl erteilt, daß du bei der ersten Gelegenheit vertilgt und ausgerottet wirst.« Friedelind hat es überlebt.

Seit Mitte der sechziger Jahre hat nun Friedelinds Bruder Wolfgang die Lufthoheit über Bayreuth inne. Der wiederum legte vor Jahren mit seinem Buch *Lebensakte* einen harmlos-gediegenen Rechenschaftsbericht vor. Zwar fällt einiger Schatten auf seinen Vorgänger und Bruder Wieland, aber sich selber rückte Wolfgang ins allermildeste Licht. Genützt hat ihm das aber alles nichts. Denn in jeder anderen Familienschrift, die sich mit ihm befaßt, kommt er schlecht weg.

Sein eigener Sohn Gottfried verfährt harsch und schonungslos mit dem Vater, der von ihm geleiteten Institution und deren Ideologie. Er wähnte gar in seinem Buch *Wer nicht mit dem Wolf heult*, daß der Geist des von Großmutter Winifred so verehrten Onkel Wolf immer noch durchs prunkende Gemäuer spuke. Und künstlerisch sei Vater Wolfgang, da ist er sich ganz einig mit Cousine Nike, allerhöchstens ein Epigone.

Was Onkel Wieland und Tante Gertrud mit kühnem Strich entwarfen, würde Wolfgang lediglich schlecht und stümperhaft nachbauen.

Aber trotz alledem steht Wolfgang Wagner seit über dreißig Jahren einem Unternehmen vor, das seinesgleichen sucht. Gleich zwanzigmal könnte er die Bayreuther Festspiele pro Saison ausverkaufen. Zwar erleiden die Inszenierungen des Hausherrn regelmäßig bittere Niederlagen bei der Kritik, aber solch schamlose, nichtswürdige Rezensenten werden umgehend mit dem Bannstrahl des Hausverbots belegt. Und die Häme seiner engeren Verwandtschaft läßt den Patriarchen sowieso ungerührt. Mit der redet er schon lange kein Wort mehr.

Sohn Gottfried ist seit Jahren nicht mehr gelitten in Bayreuth und wird von den Festspielen ausgesperrt. Nike findet Einlaß (sie muß sich die Eintrittskarte selbst kaufen), wird aber keines Blickes gewürdigt. Schwägerin Gertrud hatte Mühe, 1976, zum großen Festspielgeburtstag, an eine Karte zu kommen. Klugerweise hat sie ihre späte Lebensbeichte *Hinter Wahnfrieds Mauern* erst abgelegt, als ihr Schwager Wolfgang ihr die Pension nicht mehr streichen konnte. Pünktlich zum Festspielbeginn erschien das Buch im Sommer 1998. Äußerst detailreich listet Gertrud darin die Amouren ihres längst verstorbenen Ehemannes Wieland Wagner auf. Der orientierte sich pikanterweise erst einmal innerfamiliär und huldigte affärenhalber ausgerechnet Gertruds Schwester, bevor er sich bühnenbekannten Damen zuwandte. Das hinderte ihn aber nicht, seine Frau weiterhin kosend »Möppi« zu nennen. Jetzt weiß man auch das.

Soviel Bekenntniswut geht nun Tochter Nike zu weit. Sie, die einst bei elterlichen Querelen unerschütterlich auf seiten der Mutter stand, hat erwogen, die gesamte Auflage von deren Buch aufzukaufen und einstampfen zu lassen. Inzwischen hat sie ihr eigenes Buch *Wagner Theater* vorgelegt, in dem, wie kaum anders zu erwarten war, auch wieder von »Festspielleichen«, zur Abwechslung einmal auch von »Küchenleichen« und von »Entthronung« die Rede ist.

Derweil hockt Wolfgang Wagner weiter ungerührt auf seinem Gut Bayreuth wie Drache Fafner auf dem Hort im

»Ring der Nibelungen« und merkt gar nicht, daß Wolf Siegfried und Nike hinter ihm bereits die Gräben ausgehoben haben, um für den Kampf um einen hochrangigen Platz auf dem Grünen Hügel in Stellung zu gehen.

Einblicke in das Familiengeschehen gibt es also genug. Den Über- oder Durchblick zu erhalten bei diesem innerfamiliären Wallen und Wogen, Ringen und Rangeln, Schmollen und Grollen, das ist allerdings ganz und gar unmöglich. Ein Ende dieser seit Jahrzehnten andauernden Götterdämmerung, Rettung und Erlösung, das ist jedenfalls nicht in Sicht. Irgendwie wär's ja auch schade drum, denn die Festspiele selbst dauern ja nur einen Monat.

Die Franken bei der Arbeit

Im Frankenland scheinen die Beschaulichkeit und das Behagen pur zu Hause zu sein. Die Franken feiern die Feste gerne wie sie fallen, und wem es gefällt, der kann hier leben wie Gott in Franken. Trotz alledem sind die Franken keine Müßiggänger. Seit Jahrhunderten sind sie Tüftler, Erfinder, Händler und vor allem fleißige Leute.

»Errberrd« zu hochdeutsch »Arbeit« ist ein Hauptwort fränkischen Lebens. »Haubdsach mä is gsund und hod sei Errberrd, mehr kommä goä ned verlangä«, lautet eine fränkische Spruchweisheit. Das Gegenteil von Arbeit ist die »Lumberei«. Der Mensch, der eine solche betreibt, existiert in drei Schweregraden: »a Lumbäla«, »a weng a Lumbäla« und »a weng a archs Lumbäla«. Das ist einer, der dem lieben Gott verschieden große Teile des Tages stiehlt. Da stockt jedem aufrechten, arbeitsamen Franken der Atem – allmächd, suwos naa!

Untergebene?

Untergebene gibt es in Franken eigentlich gar nicht, denn schließlich ist jeder selber ein wenig Chef. Weil hier alle eine angeborene Respektlosigkeit gegenüber Hierarchien haben und Unterwürfigkeit in den fränkischen Genen nicht programmiert ist, werden Führungspersönlichkeiten nur dann anerkannt und respektiert, wenn sie über einen umfangreichen Sachverstand und ihrer Position entsprechende charakterliche Qualitäten verfügen. Den Franken kann man nichts vormachen. Ein aufgeblasener Frosch auf dem Chefsessel, der nur laut herumquakt, wird als das gesehen, was er ist: ein aufgeblasener Frosch, der quakt.

Frauen im Berufsleben

Franken ist eine Traditionsbastion. Aber wie andernorts auch wurde manche Festung, die der Franke für reine Männersache hielt, von den emsigen Fränkinnen geschleift. Sie können mit den etwas außer Mode gekommenen Vokabeln patent und tüchtig treffend beschrieben werden. Und fleißig, wie sie nun mal sind, nehmen auch sie ihren Platz im Berufsleben ein. Das wird in Franken dadurch erleichtert, weil es in vielen Familienverbänden noch die anderwärts äußerst rare Gattung der Kittelschürzenoma gibt, die bereit ist, den Nachwuchs in Obhut zu nehmen.

Galionsfigur der tüchtigen Fränkinnen ist Renate Schmidt. Die dreifache Mutter voll praller Lebensfreude und berstend vor Energie hat es als Selfmadefrau zuerst zur Systemanalytikerin und dann zur Chefin der bayerisch-fränkischen SPD gebracht.

Fränkinnen gehen einer Berufstätigkeit jedoch weniger deswegen nach, weil sie sich selbst verwirklichen oder sich feministisch gebärden wollen. In ihrem urfränkischen Drang nach Freiheit und ihrer praktischen Art wollen sie sich ganz einfach ihre Unabhängigkeit erarbeiten.

Ganz groß im Kleinen

Für Produkte aus Franken scheint insgeheim das Motto: »small is beautiful« zu gelten. Egal, ob es sich nun um Spielwaren handelt oder um Bleistifte, ob um Kugel- oder um Nadellager, zartes Porzellan oder Nippesfigürchen, Spitzen oder filigrane Stickereien oder gar um Miniatur-Teddybären oder Korbwaren, die wegen ihrer Winzigkeit im Guinness-Buch der Rekorde verzeichnet sind. Der Essayist Max von Aufseß behauptet in unerschütterlichem fränkischem Lokalpatriotismus: »Schwabach ist in aller Welt berühmt geworden als Metropole der Blattgoldherstellung und der Nadelindustrie. Fünf Milliarden Nadeln aller Art gehen jährlich in alle Länder hinaus.« Dieser weltweit legendäre Ruf wird nur noch von Zirndorf überboten werden – das ist nämlich das Mekka der Brummkreiselproduktion.

Frankenland ist Spielzeugland

Der Verband der deutschen Spielwarenindustrie verzeichnet allein in Franken einhundertfünfzig Mitgliedsfirmen. Das ist nur ein Bruchteil von ehedem, denn durch die Billigkonkurrenz aus dem fernen und dem ganz nahen Osten waren Pleiten unvermeidlich. In Zirndorf bei Nürnberg werkelten in den dreißiger Jahren noch rund tausend kleine und allerkleinste Hersteller, denen teilweise der heimische Küchentisch als Produktionsanlage diente. Heute sind es gerade noch vier.

Die Vielfalt und das Durcheinander Frankens zeigt sich auch in dieser für Franken typischen Branche. Während in Nordfranken die Puppenmacher ansässig sind, werkeln in der Nürnberger Gegend viele »Blechbatscher«, die in der Tradition der alten Zinngießer stehen. Hier werden Modelleisenbahnen und Blechautos gefertigt. Heutzutage allerdings überwiegend für die Sammlervitrinen von Erwachsenen, denn für das normale Kinderzimmerchaos wären die meisten Stücke viel zu teuer.

Die Franken sind seit jeher Meister darin, aus der Not eine Tugend zu machen und die Tugend dann immer noch ein wenig als Not erscheinen zu lassen.

In ihrem rohstoffarmen Land waren schon im Mittelalter innovative Produktideen gefragt. Aus einem Minimum an Rohstoffen durch aufwendige Verarbeitung hochpreisige Luxusartikel schaffen, die sich auch als Exportschlager erwiesen – das war die »Swatch«-Idee jener Zeit.

So wurde schon vor fünfhundert Jahren ein Label geschaffen, der »Tant von Nurnberch«. Und dieser »Tant«, nämlich Puppen, samt den dazugehörigen Stübchen und Minimöbeln, und ganze Heere von zinnernen Soldaten, wurden nicht nur von den reichen Bürgersfamilien der fränkischen Handelsstädte, die sich diesen Luxus leisten konnten, gekauft, sondern gingen in der Tat als Exportartikel in alle Länder Europas.

Sogar König Ludwig XIV. von Frankreich bestellte einst ein Liliputheer für seinen Nachwuchs, allerdings standesgemäß aus Silber. Er schickte sogar einen Minister, der sich von der Qualität des kriegerischen Tands überzeugen sollte. Wochenlang war der Mann unterwegs, nur um festzustellen, daß hohe handwerkliche Kunstfertigkeit den erstklassigen Ruf der Nürnberger Spielwaren rechtfertigten.

Jahrhunderte später wiederholte sich die Geschichte unter ähnlichen Vorzeichen.

Anfang der siebziger Jahre explodierten aufgrund der Ölkrise die Kunststoffpreise. Fränkische Spielzeugfirmen, die neben allerlei Blech auch ein buntes Sammelsurium an Plastikteilen produzierten, standen kurz vor dem Ruin. Etwas Kleineres, Rohstoffärmeres mußte her, und damit kam Bewegung in die alte fränkische Spielzeugwelt.

Systemspielzeug hieß hinfort bei vielen Herstellern das Zauberwort. Einer der Großen der Branche ist Playmobil mit seiner Armada von Plastikmännchen, die in kaum einem bundesdeutschen Kinderzimmer fehlen. Das Prinzip ist so simpel wie erfolgreich: Auf die immer gleiche Grundfigur mit dem runden Kopf paßt der Bauhelm ebenso wie der Ritterhelm oder das Piratenkopftuch, die kleinen Greifarme halten Säbelchen ebensogut wie Pistolen, den Minikorpus kann eine Cowboyweste genauso kleiden wie ein Ritterharnisch.

Vor Jahren wurde auf der grünen Wiese ein ganzes Playmobil-Land erschaffen, das nunmehr eine Wallfahrtsstätte des Plastikspielzeugs für Familien nicht nur aus Franken ist.

Nicht nur eine Wallfahrtsstätte, sondern geradezu ein Mekka für Zinnfigurenliebhaber ist auch die Plassenburg in Kulmbach. Dort sind über 300 000 Objekte dieses etwas altmodischen, aber dadurch auch besonders reizvoll wirkenden Spielzeugs ausgestellt. Und zwar in wunderschön und liebevoll arrangierten, zum Teil riesigen Szenen, die so recht das altfränkische Geschichts- und Weltbild des 19. Jahrhunderts widerspiegeln.

Man wird gespannt sein dürfen, was das Playmobil-Land dereinst den Franken des 21. Jahrhunderts über die Franken des 20. Jahrhunderts zu erzählen haben wird, wenn es selbst zum Museum geworden ist.

Das größte Kinderzimmer der Welt

Was Wunder, daß sich das größte Spielzimmer der Welt in Nürnberg befindet. Auf 133 000 m² Ausstellungsfläche breitet sich die internationale Spielwarenmesse mit nahezu dreitausend Ausstellern aus. In Tausenden von Firmenkojen finden hier junge und alte Spielratten eine Miniaturwelt . Kinder würden hier allerdings nur stören, deshalb bleibt ihnen dieses Paradies verschlossen.

Altfränkisches

Romantische Gemüter suchen hinter den mittelalterlichen Wällen und Mauern, hinter dem Fachwerk und den Spitzgiebeln fränkischer Städte überall altehrwürdiges Handwerk und das seit Jahrhunderten Unveränderte.

In ihrer Vorstellung ist gerade das DIN-Widrige und EU-Nonkonforme das echte und gute, das altfränkische Produkt. Das von starker Meisterhand Geschaffene soll das Wertbeständige sein. So als müsse das kernige Frankenmannsbild mit Hammer und Amboß aus glühendem Stahl Hufeisen für die Streitrösser der letzten versprengten Raubritter schmieden. Als müsse die Mühle am rauschenden Bach immer noch klappern und der Müller mit seinen Gesellen die Mehlsäcke schleppen. Als werde jeder Lebkuchen von einer Bäckersmaid im samtenen Mieder einzeln gebacken. Tatsächlich hat diese verklärte Vorstellung mit der Realität so gut wie nichts zu tun.

Geschäfts- und lebenstüchtig, wie die Franken seit Jahrhunderten sind, orientieren sie sich an den Anforderungen der Gegenwart und richten sich keineswegs nach einem romantischen »Es war einmal«. Längst sind ehemalige Handwerker in der Industrie beschäftigt. In einem Knusperhäuschen läßt sich gut ein Geschäft mit High-Tech-Produkten betreiben. In der Mühle finden heute Managerseminare statt. Die Erben der letzten Raubritter haben ihre kostenträchtigen Immobilien zu Romantik-Hotels umgebaut. Das Burgverlies und die Folterkammer können natürlich besichtigt werden und erzeugen einen wohlig-gruseligen Schauer bei all den Touristen und Hochzeitsreisenden. Die Lebkuchen werden längst vollautomatisch gebacken und rollen vom Band, wenn auch der süßliche Duft der spezifischen Gewürze im Herbst über Nürnberg und seinem Umland liegt, wie seit Zeiten. Ach ja, und die alte Dorfschmiede, die steht schon lange in Bad Windsheim im Freilichtmuseum.

Wirtschaft – Landschaft – Schnäppchenjagd

Industrie und Tourismus müssen keine unvereinbaren Gegensätze sein. In Oberfranken sind sie sogar in einer bemerkenswerten Symbiose miteinander verbunden, auch weil Industrie hier von vornherein sowieso nicht mit Schwerindustrie gleichzusetzen ist.

Die heimische Porzellanindustrie ist das Herzstück der Deutschen Porzellanstraße, und nirgendwo haben die Produktionsstätten des »weißen Goldes« die Landschaft häßlich verschandelt. Zwar rauchen auch hier die Fabrikschornsteine, aber nicht weit davon dampft halt auch noch der Misthaufen, vor dem Firmengelände tuckert der Traktor, und vom Fabriktor bis zum Schloßtor ist es nirgends weit. Die Oberfranken wollen sich einfach nicht in ihrem dörflichen Trott und ihrer kleinstädtischen Krähwinkelei beirren lassen. Die Porzellanstraße zieht sich von den Flußschleifen und Rebhängen des Mains im Westen bis zu den Höhenzügen des Frankenwaldes und des Fichtelgebirges im Osten, vorbei an Werkshallen und Wallfahrtskirchen, Schlößchen, Porzellanmanufakturen und Museen.

Pompöse Fabrikgebäude aus der Gründerzeit erinnern darüber hinaus eher an Burgen und Schlösser als an profane Arbeit. Unleugbar romantisch das Ganze – und eine ideale Verbindung von Landschaft, Kulturgenuß und Schnäppchenjagd obendrein, denn selbstverständlich hält jeder Porzellanproduzent einen Werksverkauf von Zweite-Wahl-Ware bereit. Über die Orte und Öffnungszeiten dieser touristisch-industriellen Attraktion informieren mancherorts die Rathäuser und Touristenbüros, was sich allerdings als völlig überflüssig erweist. Es genügt völlig, sich einfach mit dem Menschenstrom mittreiben zu lassen, dann gelangt man mit Sicherheit zu jener Kampfstätte, wo fränkische Hausfrauen mit japanischen Touristen und Berliner Tagesausflüglern in zähem Wettstreit liegen, Hochwertiges zum Tiefpreis zu ergattern.

Die Franken in der Freizeit

»Ich rufe die Schellensau«
Das Schafkopfspiel ist im gesamten Freistaat Bayern verbreitet, aber es wird nirgends so hingebungsvoll gepflegt wie in Franken. Es kann gewissermaßen als fränkischer Nationalsport betrachtet werden.

In Dorfwirtshäusern und Vorstadtkneipen sind sie noch häufig anzutreffen: Wirte, die mit dem Bier gleich die Karten und Pfennigschüsselchen an den Tisch bringen. Dort sitzen dann eingeschworene Kartelrunden, die sich zur Verständigung untereinander eines geheimen Codes bedienen. Sätze wie: »Ich rufe die Schellensau« oder: «Jetzt zieh'n wir an wie die Brauereigäul'« werden in ganz Franken verstanden. Zugereisten, die auf eine solche Spielerschar treffen und die die Spielregeln möglicherweise rasch durchschauen, muß der Sinn solcher Sätze aber für immer ein Geheimnis bleiben.

Schafkopf ist ein Verwandter des Skat, wird aber mit deutschen Karten gespielt. Alle Ober und Unter sind die höchsten Trümpfe, gefolgt von den Herzkarten. Gespielt wird zu viert, und der Clou dabei ist, daß jeweils zwei Spieler zusammenspielen, die zunächst noch überhaupt nichts von ihrer Koalition wissen.

Der Spielerfolg hängt auch davon ab, möglichst rasch trickreich herauszufinden, wer überhaupt mit wem spielt. Häufig pflegen die Spieler die altfränkische Tugend der bauernschlauen Untertreibung, die den Gegner über die eigene wahre Stärke hinwegtäuscht. Solche Runden ziehen sich über Stunden hin und erfordern die volle Konzentration aller Teilnehmer, deshalb wurde in Franken Fast food erfunden, lange bevor dies in Amerika der Fall war. Neben dem Spielen werden mundgerechte Häppchen von Pressack, Stadtwurst oder Sülze verzehrt und kräftig mit Bier hinuntergespült. Dabei steigert sich die Stimmung von bedächtig zu heftig. Am Ende werden aber alle mit dem Gefühl auseinandergehen, sich prächtig unterhalten und eigentlich gewonnen zu haben.

Ob das Spiel zu seinem Namen kam, weil ursprünglich mit Strichen in Form eines Schafkopfes abgerechnet wurde oder weil es zuerst von Landsknechten gespielt wurde, die Fässer (Schaffen) als Spieltisch benutzten, das interessiert die Spieler eigentlich nicht. Wichtig ist, daß sich bei diesem generationen- und standesübergreifenden Spiel alt und jung, hoch und niedrig einträchtig am Karteltisch zusammenfinden und daß es sich dabei um eine der letzten echten Männerdomänen handelt. Es wird zwar berichtet, daß schon vereinzelt schafkopfende Frauen gesehen worden sein sollen. Die sind aber so selten anzutreffen wie die blaue Mauritius.

Auf dem Keller!

Ganz Franken ist unterwühlt! In den Untergrund der Landschaft und der Städte sind überall Felsenkeller gegraben. Warum das? wird sich der Fremde fragen. Sind das Katakomben für geheime Zusammenkünfte oder unterirdische Fluchtburgen, falls Franken einmal von den Bayern überrannt werden sollte? Nichts dergleichen! Die ausgedehnten Gewölbesysteme dienten, wie könnte es anders sein, der Lagerung von Bier. Nach reichsstädtischem Recht mußte jeder Bierbrauer über einen Felsenkeller außerhalb der Stadt verfügen. Die wurden gegen Ende des Winters mit großen Eisblöcken bestückt, die aus den zugefrorenen Weihern und Teichen Oberfrankens – des fränkischen Sibiriens – gesägt wurden. In der gleichbleibenden Kühle konnte nun während des Sommers das im Frühjahr gebraute Bier (Märzenbier) lagern und reifen. Oben, auf den Kellern, wurde vom Frühjahr bis zum Herbst das Bier direkt vom Faß ausgeschenkt. Seit der Erfindung moderner Kühlsysteme sind viele der Keller drunten verwaist, wenngleich etliche kleine Brauereien und auch Biertrinker auf die ganz besondere Kellerkühle schwören.

Hingegen ist auf den Kellern mehr los denn je. Hier befindet sich einer der Hauptaufmarschplätze der Franken: Man sitzt auf langen Bänken an langen Tischen und schafft mit einer deftigen Brotzeit eine ordentliche Grundlage für die begleitenden und nachfolgenden »Seidla« Bier. So ab dem dritten, vierten »Seidla« scheint die sprichwörtliche Bierruhe mit ausgeschenkt zu werden. Die Keller kommen der ausgeprägten Neigung der Franken entgegen, fast jede Unternehmung, vom Sonntagnachmittagsausflug über die Arbeitspause bis hin zur Wallfahrt, mit einem kräftigen Essen und mehreren Bierchen zu verknüpfen. Denn, so verrät eine Broschüre fränkischer Brauer: »Bier gibt nicht nur Mumm zu neuen Taten, es vermag auch aufs Wunderbarste die Seele zu erwärmen und das Gemüt zu erheitern, Trost und Labsal zu sein bei Regen oder unmäßiger Hitze.« Na dann, Prost!

An diesen Wohltaten läßt man gerne auch Gäste, Zugereiste, Preußen, ja sogar Bayern teilhaben. Sie alle sollten sich allerdings vor einem hüten: Mit der Äußerung, sie würden »in den Biergarten gehen«, würden sie sich sofort als tölpelhafte unfränkische Banausen outen.

Auf der Baustelle

In den Dörfern Frankens wird an Samstagen nicht einfach dem Müßiggang gefrönt. Man geht vielmehr einer Passion nach, für die eigentlich die Schwaben bekannt sind: dem Hausbau. Falls das Haus schon fertig gebaut sein sollte, werden Aus-, Um- oder Anbauten oder weiträumige Renovierungen vorgenommen. Die Dorfgemeinschaft ruht nicht eher, bis jeder, der es sich irgendwie ermöglichen kann, ein Anwesen besitzt, bei dem bereits die Garage die Dimension eines gewöhnlichen Reihenhauses aufweist.

Da sich alle im Familien- und Nachbarschaftsverband gegenseitig helfen, um so ein Domizil zu erstellen, kann ein Franke bereits vom Jugendalter an sein halbes oder gar ganzes Leben lang jeden Samstag damit beschäftigt sein, entweder am eigenen Bau zu werkeln oder auf Baustellen von Bekannten, Freunden, Nachbarn und Verwandten zu helfen.

Denn sobald die eigenen Kinder ins baufähige Alter kommen, fängt alles wieder von vorne an. Nicht nur der Geldbeutel, sondern auch Rat und Tat der älteren Generation ist hier verstärkt gefragt, und so kann man sich leicht ausmalen, daß Franken, mit Ausnahme von Säuglingen und Greisen, zeitlebens ihre Samstage auf wechselnden Baustellen verbringen.

Auf dem Wasser

Leider sind die Zeiten vorbei, in denen das Teilstück des Main-Donau-Kanals südlich von Nürnberg einer riesigen Badelandschaft glich. Seit den Jahren der endgültigen Fertigstellung fahren zwischen Bamberg und Kelheim immerhin so viele Lastkähne, daß doch von Schiffsverkehr gesprochen werden kann und das Baden verboten ist. Im Zuge der Bauarbeiten des Kanals, der schon vom legendären Frankenkönig Karl dem Großen projektiert wurde, entstand jedoch ein Freizeitland von Menschenhand – das neue fränkische Seenland. Es war das größte wasserwirtschaftliche Bauvorhaben in der Geschichte Bayerns und Frankens, das da Altmühl- und Donauwasser ins Regnitz-Main-Gebiet leitete. Und seither ist hier Wassersport möglich, als da wären Schwimmen, Tauchen, Segeln, Surfen, Bootfahren und Angeln, sogar einige kleine Personenschiffe drehen ihre Runden. Bei genauerem Hinsehen stellt sich allerdings heraus, daß dies lediglich marginale Bedeutung hat. Rund um die Seen ist den Franken eine Synthese ihrer liebsten Freizeitbeschäftigungen gelungen. Da werden Bratwürste gegrillt, natürlich fränkische, Unmengen fränkischen Bieres getrunken und Schafkopf gespielt. Hie und da kann man ein paar einsame Schwimmer oder Surfer auf dem Wasser sehen, aber Wassersport ist in Franken nicht Hauptzweck der Freizeitveranstaltungen.

Auch die Freibäder gleichen eher großen Gartenwirtschaften. Kurios ist lediglich, daß selbst Menschen, die dort keinerlei Wasserkontakt hatten, abends mit von Sonne und Bier geröteten Köpfen behaupten, daß sie den ganzen Tag Schwimmen waren.

Auf der Matratze

Gewiß ist der Frankenmann kein Galan, der sich mit überschwenglichen Komplimenten, mit Küß-die-Hand-Schmäh, mit Blumengebinden oder Mandolinenspiel ins Herz der Fränkin stiehlt. Erotik im Sinne einer Liebeskunst, als Verfeinerung und Kultivierung dieses Naturtriebes, wird vom Frankenmann als überflüssiges Brimborium abgetan.

Und die Frankenfrau macht notgedrungen gute Miene zum fehlenden Vorspiel. In ihrer praktischen und handfesten Art neigt sie dazu, mit ihrem männlichen Pendant übereinzustimmen.

Also ist sie bereit, es bereits als Kompliment aufzufassen, wenn eine Äußerung wie: »Heut schaust aber schlecht aus!« einmal unterbleibt. Doch zwei Seelen wohnen, ach, in der Brust der Fränkin. Sie hat im Vergleich zum Frankenmann, der eine heftige Neigung zu stoischer Sturheit besitzt, eine Extraportion Temperament mitbekommen und will deshalb ihren Eros nicht ausschließlich am heimischen Herd verkochen. So erliegt sie gelegentlich dem Charme eines etwas subtileren und aufwendigeren Balzrituals, das ekstatischere Sinnenfreuden verspricht, als sie es gewohnt ist.

Gibt es doch böse Zungen, die behaupten, daß für fränkische Liebesnächte der heftig geflüsterte Kurzdialog : »auälä ... jedzälä ... sodälä« geradezu charakteristisch sein soll. Wobei anzumerken ist, daß »sodälä« ein fränkischer Ausruf der Erleichterung und Befriedigung nach getaner Arbeit ist.

Gesundheit & Fitneß

Körperliches Training in Fitneßcentern, Aerobicstunden, Squashhallen, Schwimmbädern, Sportvereinen, auf Joggingpfaden, Tennis-, Golf- und Fußballplätzen dient in Franken hauptsächlich dazu, den ohnehin schon kräftigen Appetit auf Schweinernes und Alkoholisches noch weiter zu steigern.

Mineralwassertrinkende Vegetarier, Nichtraucher, gesundheitsbewußte Salatesser und sonstige Asketen führen hier ein mitleidig bis höhnisch belächeltes Schattendasein. Es wundert fast, daß sie nicht als Ketzer urfränkischer Lebensgewohnheiten an den Pranger gestellt werden. Das heißt aber nicht, daß die Franken kein Gesundheitsbewußtsein hätten.

Die Franken müssen sich nicht, wie etwa die Franzosen, einreden, daß der Konsum von ein bis zwei Litern Bordeaux täglich die Herzkranzgefäße vor dem Infarkt schützt. In Franken ist niemand so naiv, dies zu glauben. Hier wird getrunken, weil es schmeckt. Einen Brummschädel nach durchzechter Nacht führt man schlicht auf ein Zuviel an Alkohol zurück. Da wird nicht der Winzer beschuldigt, den Wein gepanscht zu haben. Gepanschten Frankenwein gibt es nach Ansicht der Franken sowieso nicht.

Der fränkische »Way of life« mit Schmalzgebackenem und Gepökeltem in Verbindung mit erheblichen Mengen Alkoholischem ist nach ihrer Meinung nämlich gar nicht der Gesundheit abträglich.

In der rauchgeschwärzten Wirtsstube des Bamberger »Schlenkerla« saßen vor Jahren zwei Männer an einem Tisch. Der eine war eine schlanke, asketische Erscheinung und nippte gelegentlich bedächtig von einem Viertel Weißwein. Der andere, ein äußerst wohlbeleibter Herr, ließ sich dagegen gerade mit sehr gesundem Appetit ein fettes Schweinsknöchle und dazu einige Krüge Bier schmecken. »Sie wissen doch hoffentlich, daß das alles nicht gesund ist?« sprach schließlich der Asket den anderen an.

»Weiß ich, weiß ich«, gab jener völlig ungerührt zur Antwort, aber das sei ihm einerlei, denn in seiner Familie werde sowieso niemand alt. Lediglich ein Onkel, fügte er nach kurzem Überlegen mit deutlich angewidertem Gesichtsausdruck hinzu, ein Onkel, der habe zeitlebens gesund gelebt, habe Kamillentee getrunken und Brei gegessen. Aber der sei gerade mal zwei Jahre älter ge-

worden als die anderen. Und das, so meinte er abschlie-
ßend, habe sich doch wahrhaftig nicht gelohnt.

Da die Franken insgesamt aber auch keine geringere
Lebenserwartung haben als die restlichen Deutschen,
kann man vermuten, daß sie mit ihrer Ansicht, Gesundheit manifestiere sich in erster Linie in einem gesunden
Appetit, nicht ganz falsch liegen.

Fränkisches Essen & Trinken

Geht es in Franken ums Essen, dann geht es vor allen Dingen um Schweinernes und um die Wurst. Knöchla, Schäufäla, Schlachtplatten mit Kraut und Kloß, fingerkleine Nürnberger Rostbratwürstchen, stattlichere Landbratwürste, blaue Zipfel, Stadtwurst mit und ohne Musik, Pressack rot und weiß, Bauernseufzer und wie die würzigen, kalorienschwangeren Deftigkeiten sonst noch heißen mögen. Kommt von allem etwas auf den Teller, dann ist das ein »Nürnberger Gwerch«. Da wird die ohnehin schon bleiche Münchener Weißwurst gleich noch ein wenig blasser.

Was aufgetischt wird, läßt sich knapp mit deftig-kräftig umschreiben und erfordert die volle Leistungsfähigkeit eines Kampfmagens. Die fränkischen Speisen verlangen als Partner gestandene kernige Menschen, und die bekommen sie auch. Hier stochert niemand verschämt im Teller herum, es wird herzhaft zugelangt.

Vor Jahren reüssierte in weiten Teilen der bundesdeutschen Republik eine frische, leichte Küche. Gourmettempel schossen wie Pilze aus dem Boden, die auf übergroßen Tellern Arrangements von Wachtelbrüstchen, fünf Böhnchen und hauchdünnen Karottenfächern zu horren-

den Preisen servierten. Gesund und leicht? »Pfui Deifl!«
Nouvelle cuisine? »Geh weider!« Derlei kulinarische
Neuerungen sind dort, wo sich im Frankenland Franken
zu Tisch setzen, weitgehend unbekannt geblieben. Das
hat im übrigen auch damit zu tun, daß hier noch die Devise gilt: Was der Franke nicht kennt, das ißt er nicht.

Die Rezeptur für die Nürnberger Bratwürste ist seit
Jahrhunderten nicht verändert worden, ein Schweins-
braten bleibt ein Schweinsbraten, und ein fränkisches
»Dressing« besteht seit jeher nur aus Pfeffer und Salz,
Essig und Öl und sonst gar nichts. Wozu auch etwas
ändern, wo es doch schon immer so gut schmeckt.

Was außerhalb Frankens in den letzten Jahrzehnten
als Hamburger zu Ehren kam, ist hier längst als »Hagg-
flaaschküchla« bekannt, und Croutons tat man schon
seit Urzeiten in die Kartoffelklöße, nur nannte man das
eben »Bröggäla«. Also muß man sich doch nichts von
anderen abgucken.

Yogi-Steak und Tofu-Burger konnten hierzulande nicht
einmal in alternativen Nischen so richtig Fuß fassen.
Auch bei einem fränkischen Ökofest ist die fetttriefende
Bratwurst unverzichtbar. Sie kommt dann allerdings
schon mal in Begleitung eines Vollkornbrötchens daher.

Natürlich versuchen sich auch in Franken ehemalige
Dorfkneipen an der neuen deutschen Küche, der exqui-
siten französischen *cuisine* und an winzig-würzigen
italienischen Köstlichkeiten. Aber die Franken mögen's
halt altfränkisch, und so konnten Scampis und Austern,
Pizza und Pasta niemals die heimischen Kalorienbomben
verdrängen. Nun ist es nicht so, daß Pellkartoffeln mit
Salz bereits den Gipfel der Kochkunst in Franken darstel-

len. Aber es hat sich auch in kulinarischer Hinsicht mancher archaisch anmutende Brauch erhalten.

An ländlichen Schlachttagen werden Unmengen Kraut, fettes Bauchfleisch, Schweineschwanz und -ohren sowie Blutwürste vertilgt. Das Ganze wird begleitet von kümmelbestreutem Roggenbrot. Zur Kaffeestunde mit Streuselkuchen ist dann erst die Halbzeit der rituellen Tafelei erreicht. Mancher Esser legt erst das Besteck nieder, wenn die ersten Erschöpfungserscheinungen eintreten und mindestens der oberste Hosenknopf geöffnet werden muß. Was die Portionen anbelangt, so drängt sich die Frage auf, ob Franken außer Landes jemals satt werden können. Von wegen Hechtklößchen mit neckischen Dillzweiglein – solchen Schnickschnack mag die Münchener Schickeria goutieren. In Franken muß der schmalzgebackene Karpfen den Teller überlappen, der Kartoffelsalat in der Waschschüssel angerichtet werden. Die gewaltigen Portionen machen jedoch Sinn, denn schließlich müssen sie die Grundlage für den noch gewaltigeren Alkoholkonsum bilden. Alles wird mit mehreren »Seidla« Bier oder diversen Schoppen Frankenwein hinuntergespült. Im Finale müssen ein oder mehrere »Stamperle« Schnaps ihre verdauungsfördernde und fettzersetzende Wirkung tun. Anderswo auf der Welt würden längst Magen und Leber den Dienst versagen, aber Franken haben ihren Körper in dergleichen lebenslangem Training gestählt. Es ist gewissermaßen der Sieg des fränkischen Geistes über das Fleisch.

Von einem Bayreuther Unternehmer – Brauereibesitzer in der dritten Generation – wird glaubhaft berichtet, er habe in einem Wirtshaus mit gesundem Appetit mehrere Gerichte verspeist, von denen in Schwaben eine ganze Sippe satt geworden wäre. Daraufhin klagte er, es sei doch wahrhaftig ein Fluch des Alters, daß man nicht mehr wie einst der guten fränkischen Kost zusprechen könne. Sprach's und trank zur Stärkung seines geschwächten Organismus drei Halbe Weißbier. Solche Eßgewohnheiten gehen natürlich früher oder später auf die Figur. Das aber ist den Franken wiederum »Wurschd«.

Trinken

Bier ist in Franken nicht bloß ein Getränk, auch kein Lebensmittel wie in Bayern, es ist das fünfte Element. Ein die Menschen verbindender und gemeinschaftsstiftender Stoff, der in allen Schichten zu allen Gelegenheiten getrunken wird.

Ein fränkischer Bauer hat täglich schon frühmorgens zum üblichen Frühstück sein »Seidla« getrunken. Als sich sein Gast aus Übersee darüber wunderte, erklärte er, er könne den Kaffee doch nicht so trocken hinunterwürgen.

Der Bierliebhaber hat die Wahl zwischen annähernd sechstausend Spezialitäten. Auch kleine und allerkleinste Dorfbrauereien offerieren diverse Sorten: Märzen, Pils und Weißbier, Ungespundetes, Kräusen- und Bauernbier, Zwickel- und Kellerbier, naturtrüb oder klar, in Farbschattierungen von goldgelb bis tiefschwarz. Dazu kommen rund ums Jahr Festbiere. Das Starkbier, wie Bock oder Doppelbock wurde ursprünglich von Mönchen gebraut, um die karge Fastenzeit besser überstehen zu können. Mit ihnen werden heute – in Erinnerung an die ehemalige Fastenzeit – gerne Frühjahrskuren durchgeführt.

Manche der Spezialitäten sind so eigenwillig im Geschmack, daß man sich ihnen behutsam, wie einer spröden Geliebten, nähern muß. Vom Bamberger Rauchbier heißt es, es schmecke sowieso erst nach der dritten Halben richtig gut. Bei dieser Fülle können auch die ebenso trinkfesten wie trinkfreudigen Franken die Übersicht nicht mehr behalten. Die meisten scheinen aber hart daran zu arbeiten.

Die Qualität des Bieres ist über jeden Zweifel erhaben. Immerhin erließ der Rat der Stadt Nürnberg schon im Jahr 1305 ein Reinheitsgebot. Das war zweihundert Jahre bevor in Bayern überhaupt jemand an das bayerische Reinheitsgebot, nach dem heute ein ganz Deutschland Bier gebraut wird, gedacht hat. Trotz aller Querelen mit den Bayern gibt es aus bierologischer Sicht eine Übereinstimmung. In Bayern wie in Franken wird Bier zumindest in 0,5-Liter-Gläsern ausgeschenkt. Biergläser in Reagenzglas- oder Zahnputzbechergröße werden von Bayern wie Franken in seltener Eintracht als »Preußen-Halbe« geschmäht.

Seine unangefochtene Weltspitzenstellung im Bierverbrauch (durchschnittlicher Konsum: 145 Liter pro Jahr pro Person – vom Säugling bis zum Greis) konnte Deutschland zweifellos nur dank der Franken erreichen. Ist doch das Frankenland geradezu die Herzkammer des Brauereiwesens und des Bierkonsums.

Bierbrauen hat hier nicht nur eine jahrhundertealte Tradition, es wird auch als eigenständige Kunstform betrachtet. Als solcher sind dem Brauereiwesen in Franken einige Museen gewidmet, die den interessierten Bierdimpfel mit der Historie und dem Vorgang des Brauens vertraut machen. Den Bier- und Braumuseen sind natürlich Gaststätten angeschlossen, denn, wie man weiß, ist alle Theorie grau und trocken. In der Nürnberger Museumsgaststätte, dem »Institut für Bierologie und Hektoliteratur« werden täglich intensive Studien betrieben. Keine Region der Welt hat eine größere Brauereidichte als Franken. Während in ganz Deutschland eine Brauerei auf 240 km² kommt, ist es im Regierungsbezirk Oberfranken eine auf 33 km². Hier gibt es doppelt so viele Braustätten wie in Großbritannien und gar fünfmal so viele wie in USA. Nicht ohne Stolz vermerken die Franken, daß bei ihnen jährlich eine Million Hektoliter Bier mehr produziert wird als in Oberbayern – na bitte!

Bocksbeutel

Fränkischer Wein ist exzellent. Das wissen nicht nur die Franken selber. Er steht hoch in der Gunst der Genießer. Natürlich darf durch französische Kehlen ausschließlich französischer Wein fließen, aber amerikanische Touristen trinken mit Begeisterung Sylvaner und Riesling aus fränkischen Lagen, und die Japaner lassen dafür sogar ihren Sake stehen. Der Berliner Kurt Tucholsky hat nach einer Zechtour durch Franken ein überschwengliches Loblied gesungen: »Wir hätten sollen nicht soviel Steinwein trinken. Aber das ist schwer. So etwas von

Reinheit, von klarer Kraft, von aufgesammelter Sonne und sonnengetränkter Erde war noch nicht da.«

Soviel Lob hören die Franken gar nicht gern. Bei ihnen werden ja nur fünf Prozent der deutschen Weinmenge gekeltert, und wenn sich das herumspricht, dann bleibt für ihre durstigen Kehlen oder den Export einfach zu wenig übrig. Denn ehrlich wie sie nun mal sind, geben sie nicht vor, aus einigen handtuchschmalen Parzellen halb Europa mit ihrem Wein überschwemmen zu können. Der EU-weiten Razzia der Bürokraten gegen alles Eigen- und Bodenständige haben die fränkischen Winzer erbitterten Widerstand entgegengesetzt. Mit Erfolg! Ihrem eigenwilligen Wein bleibt die genormte Flasche erspart, er darf weiterhin in die alte, typische Bocksbeutelflasche abgefüllt werden. Ob die ihren Namen vom »Booksbeutel« hat, einem niederdeutschen Gebetbuchbeutel, in dem gelegentlich statt der Bibel eine Flasche Wein aufbewahrt wurde, oder doch von dem Teil des Ziegenbockes, der ihn von der Geiß unterscheidet, ist noch nicht restlos geklärt.

Die weintrinkenden Franken haben lange Zeit auf eine strikte Trennung von den biertrinkenden geachtet. »Bei uns kommt kei Bier nei«, lautete die Losung auf Weinfesten. In den letzten Jahren bahnte sich jedoch eine friedliche Koexistenz an. Es soll sogar schon geschehen sein, daß im Beisein der fränkischen Weinkönigin ein Faß Bier angezapft wurde.

Fränkische Feier- und Festtage

Vatertag

Dem Weihnachtsfest geht in Franken der Nürnberger Christkindlmarkt voraus, Fasching ist hierzulande eine eher beiläufige Angelegenheit, Pfingsten wird allenfalls für einen Kurzurlaub genutzt. Als Dank an den Hasen werden in Ober- und Mittelfranken Brunnen aufwendig mit Ostereiern, Papierbändern, Blumen und grünen Girlanden geschmückt. Diese Tradition stammt aus der wasserarmen Hochebene des fränkischen Jura, wo Wasser kostbar war und Quellen und Brunnen entsprechend in Ehren gehalten wurden.

Einem wahren Höhepunkt im Festtagskalender strebt das Jahr aber mit dem kirchlichen Fest Christi Himmelfahrt zu. Das wird höchst profan als Vatertag von allen tatsächlichen oder eventuell zukünftigen Vätern und Großvätern gefeiert. In ganz Franken suchen dann morgens Grüppchen von Männern das Weite und fahren ins Blaue oder ins Grüne. Die Traditionalisten ziehen mit geschmücktem Leiterwagen los, auf dem sie ein Bierfäßchen mit sich führen. Abends streben schwankende Gestalten mehr oder weniger zielstrebig wieder der Heimat zu – das Bierfaß ist leer, sie selber jedoch voll.

Die Modernisten machen sich mit PKW, Van oder Reisebus auf den Weg ins Outback der fränkischen Schweiz oder noch ein Stück weiter nach Tschechien. Dort wird alles, was Väter zum Feiern nötig haben, zu Dumpingpreisen geboten. Im Bermudadreieck zwischen Forchheim, Hof und Pilsen ist schon mancher Vatertagsausflügler verschwunden und erst nach Tagen wiederaufgetaucht.

Die Kerwa

Bei diesem Wort bekommt jeder Franke sogleich glänzende Augen, denn bei diesem fränkischen Top-Event geht es allemal so ekstatisch, wild und barbarisch zu wie beim Karneval in Rio. Die Kerwa, das ist in kulinarischer und gesellschaftlicher Hinsicht der allerhöchste Höhepunkt im Jahresablauf. Da wird gebraten, gebrutzelt und gebacken, daß der Bratwurstdunst sogar die Nachbarländer erreicht. Da werden Verwandtschaft, Bekanntschaft und Freunde eingeladen, es wird gegessen und getrunken, getanzt und der blödeste Blödsinn betrieben, daß die Schwarte kracht.

Dabeizusein ist für jeden wahren Franken nicht nur ein Muß, sondern auch höchste Lust. Wenn Kerwa ist, würde man nie in den Urlaub fahren, sollte gleichzeitig die Loveparade sein, auch nicht nach Berlin, und falls man für diese Tage Karten für die Bayreuther Festspiele bekommen hätte, würden diese zurückgegeben.

Ursprünglich war die Kerwa die Kirchweih, also ein Fest zur Einweihung einer Kirche. Nun wurden allerdings auch in früheren Zeiten bei weitem nicht so viele Kirchen eingeweiht, als daß damit die Festesfreude der Franken in ausreichendem Maß hätte befriedigt werden können. So beschloß man bald, daraus ein Fest zur Erinnerung an eine vor langer Zeit stattgefundene Kircheneinweihung zu machen. Und heute werden im Namen diverser Heiliger gewaltige Mengen Bratwürste verzehrt, die Brauereiumsätze erheblich gesteigert, arbeitslose Musikgruppen beschäftigt, Ambulanzen und Polizeistreifen im Umkreis von fünfzig Kilometer in Alarmbereitschaft versetzt.

Jedes Dorf, jeder Marktflecken, aber auch die Landstädte feiern ihre Kerwa, die traditionell drei Tage dauert. Am Samstag wird von den jungen Männern des Ortes der Kirchweihbaum aufgestellt, dessen Höhe in Maßkrügen gemessen wird. Keinesfalls darf er zu klein ausfallen, weil er sonst als Zahnstocher verunglimpft wird, was die Ortsehre ganz erheblich kränken würde. Danach wird die Kirchweih symbolisch ausgegraben. Junge Leute ziehen mit noch leeren Bierkrügen aus dem Ort und müssen ein verstecktes, beziehungsweise vergrabenes Faß aufspüren. Das fällt meistens nicht allzu schwer, weil die Durstigen vorher den einen oder anderen Tip erhalten haben. Die Gasthäuser bereiten regionale Gerichte vor. Dazu gehört unverzichtbar die Schlachtschüssel als sogenannte »Vorkerwa«, dann das eigentliche Festessen, bestehend aus Braten und Klößen und sauren oder blauen Bratwürsten, die bei der »Nachkerwa« als Katerfrühstück dienen. Früher wurden in jedem Haushalt »Kerwaküchla« gebacken. Der Fama nach wurde dieses Hefegebäck über dem blanken Frauenknie geformt. Fiel es einmal zu klein aus, wurden laute Mutmaßungen über die Beine der Bäckerin angestellt: »Allmächd, muß die Frau Steckäläsbein hom.« Um solchen Mutmaßungen zu entgehen, entschlossen sich die Fränkinnen eines Tages, das Backen zur Kirchweih den Bäckern zu überlassen.

Am Kirchweihsonntag findet dann tatsächlich ein Gottesdienst im Gedenken an die alte Kirchenweihe statt. Währenddessen wird von den meistens weiblichen Helfern der Braten vorbereitet und jede Menge Kartoffelteig zu fränkischen Klößen rund gemacht. Die Stimmungswellen schlagen auch am letzten Tag, dem Kirchweihmontag, hoch. Da wird der »Betz rausgetanzt« (Betz = Schaf). Das ist eine Art Reise nach Jerusalem, bei der das letzte Paar entweder tatsächlich ein Schaf gewinnt, für das es im Gegenzug viel Bier spendieren muß, oder der Gewinn besteht aus zeitgemäßeren Naturalien, wie einem Videorecorder oder einem Snowboard. In den letzten Jahren erlebten aber alte Bräuche eine Renaissance, und häufig wird wirklich der »Betz rausgetanzt«, der dann nach den Festivitäten gemeinsam gegrillt und gegessen wird. Die Stimmung kommt gelegentlich zum Brodeln, wenn die »Kerwalidli« (Kirchweihlieder) gesungen werden. Wer sich darunter fromme Gesänge vorstellt, liegt völlig falsch. Es werden vielmehr Geschehnisse hinausposaunt, die mancher als Geheimnis wohlgehütet glaubte, oder schlicht Deftiges vorgetragen:

»Wenn ich einmal der Herrgott wär
und hätt' a Säckla Geld,
ich hockert mich in d' Wolken rein
und scheißert auf die Welt.«

Wegen der in deutschen Landen schier unfaßbaren Exzessivität der Kirchweihfeiern, bei denen Temperamentsausbrüche verzeichnet werden, die sonst nur vom südamerikanischen und karibischen Karneval her bekannt sind, haben Herrscher schon vor Jahrhunderten versucht, die zahllosen Kirchweihen auf einen gemeinsamen Termin Ende Oktober, zur sogenannten Allerweltskirchweih zusammenzulegen. Es sollte verhindert werden, daß die feiernden Untertanen allzuoft wegen eines Brummschädels dem Frondienst fernblieben. Doch die Franken sind seit jeher fleischgewordener Widerstand, und so beugten sie sich weder früher noch heute dem Willen von Obrigkeiten. Das hatte vielmehr zur Folge, daß nun neben der »Allerweltskerwa« auch noch die individuelle Ortskirchweih ausgiebig und ausgedehnt gefeiert wird.

Heute findet von Ende April bis Mitte November an jedem Wochenende in Franken eine »Kerwa« statt. Die letzten sind die »kalten Martinikirchweihen«.

Das alles führt auch bei den festerprobten Franken zu gewissen Erschöpfungserscheinungen, und so besuchen sie die unmittelbar folgenden Christkindlesmärkte in abgeklärter Ruhe und matter Besinnlichkeit.

Der Berg ruft!

Jedes Jahr am Donnerstag vor Pfingsten ruft der Berg. Dann zapft der Bürgermeister Erlangens mit einigen routiniert-gekonnten Schlägen das erste Bierfaß an, und die Erlanger Bergkirchweih ist eröffnet. Sie ist die Schönheitskönigin unter Frankens Volksfesten, und solch ein

Titel will verdient sein. Von Stund an grassiert nun volle zwölf Tage lang das Bergfieber in Erlangen und der weiteren Umgebung, und Zehntausende strömen zu wahrhaft rauschhaften Tagen auf den Berg. Zur Frühlingszeit der Bergkirchweih wird noch Starkbier gebraut, und manch einer stellt den Maßkrug auch dann nicht zur Seite, wenn sich das bestellte Pokulator-Bier zungenschwer wie »Boggäladä« anhört.

Die ehemals fünfzig Brauereien von Erlangen wollten einst den Bierausschank so angenehm wie möglich gestalten. Deshalb errichteten sie vor den Eingängen ihrer Bierkeller kleine Lusthäuschen. Die tragen auch heute zum legendären Charme der Bergkirchweih bei. Sie sind die Kristallisationspunkte des Biergenusses, und wer die Massen dort sitzen und trinken sieht, könnte meinen, die Jahresproduktion aller Brauereien müsse binnen dieser zwölf Tage getrunken werden.

Feste und kein Ende

Viele fränkische Volksfeste haben sich um Märkte oder Gedenktage von Heiligen entwickelt. Die Ansbacher feiern im Mai ihre Walburgi-Messe. Die Würzburger stehen ihnen nicht nach und feiern ganze sechzehn Tage lang zu Ehren des Schutzpatrons der Franken und Schutzherrn der Winzer das Kiliani-Volksfest. Die Fürther ehren mit der größten Straßenkirchweih Deutschlands den heiligen Michael. Und die heilige Anna lädt in Forchheim zum Fest. In einer Art Prozession geht es dort, nach der Eröffnung auf dem Rathausplatz, hinauf in den »Kellerwald«, wo nicht weniger als dreiundzwanzig Bierkeller für Abkühlung und zahlreiche Bands und Musikkapellen gleichzeitig für Erhitzung sorgen. Da hält es viele nicht mehr auf den Plätzen, Tische und Stühle werden zur Tanzfläche. Das fränkische Temperament, sonst das ganze Jahr über meist gezügelt, bricht nun mit der Kraft einer Naturgewalt hervor. Alles unter dem Schutz der heiligen Anna.

In Unterfranken ist den ganzen Sommer hindurch bis weit in den Herbst hinein die hohe Zeit der Weinfeste. Hier sind Anlaß und Funktion klar erkennbar; hervorzuheben ist insbesondere die ebenso kurzfristig belebende wie im nachhinein und in jeder Hinsicht verheerende Wirkung des jungen Weines, der bei den »Bremserfesten« im Oktober ausgeschenkt wird.

Fränkische Institutionen

Brodweschd

Naiven Beobachtern der fränkischen Szene fällt der exzessive Bratwurstverzehr der Einheimischen natürlich sofort ins Auge, und sie halten es entsprechend der jeweiligen Situation für fränkische Freßsucht oder für eine fränkische Form von Fast food.

Keine Einschätzung hinsichtlich der Franken könnte fehlgeleiteter sein.

Denen sind ihre Brodweschd Genuß- und Heilmittel, Überlebenselixir, Suchtstoff und Streicheleinheit. Ihre Wirkung ist stärkend, besänftigend und identitätsstiftend zugleich.

Kein Kebab und kein Hamburger kann dem Franken ersetzen, was ihm »sei Brodwoschd« ist. Diese Komposition aus Schweinefleisch, Pfeffer, Salz, Majoran und Koriander ist ihm der Stoff, aus dem die Träume sind, und dieser Stoff wird nach einer beinahe prähistorischen Rezeptur zusammengemixt, die der Legende nach im Germanischen Nationalmuseum streng gehütet wird.

Gleich frühmorgens, wenn sich Angehörige anderer Volksstämme eine pappeartige Scheibe Toast oder einen klebrigen Müsliriegel zu Gemüte führen, brauchen Franken einen starken Auftakt. Der Inhalt einer rohen Bratwurst wird auf eine Scheibe Brot gedrückt und mit Pfeffer und Zwiebelringen garniert. Dazu paßt entweder ein Bier, aber auch ein Pott Kaffee mit Fettaugen ist denkbar. Nach einem solchen Paukenschlag sind die Franken bereit und für's erste gewappnet, den Herausforderungen des Tages zu begegnen.

Um die Mittagszeit, wenn der Cholesterinspiegel einer gefährlichen Schwäche entgegenschwankt, wird dieser Zustand mit gebratenen Bratwürsten bekämpft, bevor es zum Schlimmsten kommt. Der Gedanke, daß in Bayern jetzt ein kollektives, rituelles Weißwurstgezuzzel stattfindet und Norddeutsche gar bei einem Äpfelchen, Gürkchen oder Rübchen Zuflucht suchen, treibt den Franken Tränen des Mitleids in die Augen.

Brodweschd, so meinen die Franken, sind das richtige bei jeder Gelegenheit: Ob zum gleich anschließenden Mittagsmahl oder als Mitternachtsimbiß, ob zur Spargel- oder zur Fastenzeit, bei Migräne oder Magenverstimmung, zum Sekt- oder Katerfrühstück: Anlaß zum Bratwurstverzehr besteht immer, und zwar für immer und ewig.

Mag das Frankenreich auch schon vor einem Jahrtausend untergegangen sein – solange die Franken mit ihren Brodweschdweggla den bayerischen Weißwürsten mit süßem Senf und Brezn Paroli bieten können, ist es um das Frankenland noch nicht geschehen.

Der Glubb

Eigentlich können sich nur noch die Teilnehmer von Seniorenstammtischen rühmen, die glanzvollen, siegreichen Zeiten miterlebt zu haben, als der 1. FCN neunmal deutscher Meister, ja sogar Deutschlands Rekordmeister war, bevor er ausgerechnet von Bayern München überflügelt wurde. Da werden dann Namen legendärer Ballhelden von einst wie Heiner Stuhlfauth, Max Morlock oder Bumbes Schmidt beschworen. Da wird von Zeiten geschwärmt, als die Trikots noch nicht von Labels bedeckt waren, sondern ausschließlich von Schweißflecken und als das Coaching noch von einer Spielermutter übernommen wurde, die die Jungs mit dem aufmunternden Satz: »Des derbagged er scho« motivierte.

Aber egal, welche Zeiten gerade angesagt waren oder sind, Spiele des Glubb sind in jedem Falle lokale Großereignisse, bei denen die rot-schwarzen Fahnen auch geschwenkt wurden, als der 1. FCN gleich um zwei Klassen abstieg und dort eine ganze Weile verharrte.

Nicht, daß aus Franken keine Super-Welt-Klasse-Fußballer kämen. Den Lothar Matthäus hätte man ja den Schalkern gerade noch gegönnt, aber daß der als Söldner ausgerechnet zu den Bayern gegangen ist, schmerzt.

Immerhin spielt der Glubb inzwischen auch ohne Lothar wieder in der ersten Bundesliga, und alle Franken wissen natürlich ganz genau, was sie am liebsten mit den Lederhosen der Bayern machen würden.

Dabeisein ist alles

Strindberg erkannte es hellsichtig schon vor über hundert Jahren: »Die geologisch, geographisch und ethnologisch wichtigste Landschaft Deutschlands ist das Fichtelgebirge. Es ist seine Zirbeldrüse, sein Mittelpunkt und seine große Wasserscheide. Richard Wagner hat das intuitiv gefühlt, als er Bayreuth zu seinem Olympia erhob.«

Nun soll nicht vergessen werden, daß in dem oberfränkischen Zirbeldrüsenstädtchen eine Universität den Blick etwas weitet, daß täglich bis zu hundert Millionen Zigaretten produziert werden, daß seine Basketballmannschaft Furore macht, daß sein Brauereimuseum als weltweit größtes funktionsfähiges Brauereigebäude aus dem 19. Jahrhundert dem *Guinness-Buch* eine Eintragung wert ist und daß seine Mauern die weltweit größte Kollektion von Vogelscheuchen birgt. Doch ein Ereignis ist's, das alles andere in den Schatten stellt. Alljährlich versammeln sich unter den Wagnerianern der Welt die Auserwähltesten der Auserwählten, nämlich jene 60 000 glücklichen Karteninhaber, die unter einer halben Million Interessenten und Daueranwärtern das große Los gezogen haben. Wie die Ritter den Gral, so hütet die Festspieldirektion das Geheimnis der Kartenvergabe. Alle sechs bis sieben Jahre, so raunt die Gemeinde, erhalte der gewöhnliche Sterbliche eine Zuteilung, vorausgesetzt, er hat sich in dieser langen Zeit alljährlich redlich darum bemüht. Selbst der Zutritt zu einer Wolfgang-Wagner-Inszenierung wird dann dankbar entgegengenommen, auch wenn man für diese Vorstellung gar keine Karten bestellt hat. Es ist ja schon eine Gunst, überhaupt dabeisein zu dürfen.

Wenn es endlich soweit ist, zwängen sich nachmittags gegen drei Uhr die Fans in die dunklen Anzüge und schnüren sich mit Seidenbindern den Hals zu, die weiblichen Fans bedecken sich mit schweren Roben und noch schwererem Geschmeide, und ab geht's auf den Grünen Hügel, wo man sich in der sommerlichen Gluthitze nur durch das eifrige Luftzuwedeln mit dem Besetzungszettel vor einer drohenden Ohnmacht retten kann.

Aber dem Dienst am Meister sehen die versammelten Wagnerianer dennoch mit euphorischer Vorfreude entgegen, zuvorderst die älteren Herrschaften aus aller Herren Länder, die alles in bewunderungswürdiger Haltung auf sich nehmen: Das härteste Operngestühl der Welt, die für Nichteingeweihte qualvolle Länge der Opernakte, die miserable und dabei unverschämt teure Verköstigung während der Pausen.

Aber schließlich hat man kein Interesse, es sich bequem zu machen wie der Besucher eines Musicals. Für einen Eingeweihten gibt es in einer Wagner-Oper keine einzige langweilige Minute, und schließlich ist man ja auch nicht zum Essen hierhergekommen.

Über die Inszenierungen mag man streiten und sie nach Aktschluß heftig bebuhen, aber die Qualität der musikalischen Darbietungen ist über jeden Zweifel erhaben – CD-reif, sozusagen, und das live!

Ein ganz und gar nicht unwichtiger Teil des allsommerlichen Hügeldramas sind die Pausen. Da gibt es immer was zu sehen, denken sich die Bayreuther, und einige von ihnen finden sich, vorzugsweise in der zweiten Pause, wenn die Gluthitze etwas nachgelassen hat, in Shorts, Sandalen und T-Shirts auf dem Vorplatz ein, um sich ganz unauffällig unters befrackte und berüschte Opernvolk zu mischen. Dieses wiederum zwinkert sich bei deren Anblick amüsiert zu. Dabeisein ist eben alles.

Das denkt sich wohl auch das sonstige profane Bayreuth, dessen Hotels, Pensionen und Privatquartiere und Restaurants ausgebucht sind. Nicht nur in den Schaufenstern von Buch- und Phonoläden werden Sänger- und Dirigentenporträts plakatiert und die besonders kult- und kulturnahen Artikel ausgebreitet, sondern auch in Metzgereien und Konditoreien taugen Wagner-Büsten als Blickfang. Vielleicht als Hinweis auf Parsifal-Torte, Isoldes Lindenblütentee, ein gut durchwachsenes Levine-Steak oder Domingo-Würstchen?

Bundesanstalt für Arbeit

Allmonatlich horchen die Menschen in der gesamten Republik auf. Dann vernehmen sie aus Nürnberg eine traurige Kunde. Die Bundesanstalt für Arbeit veröffentlicht ihren Bericht zur Lage des Arbeitsmarktes. Und der ist meist nicht erfreulich. Nun ist Franken sowieso kein Land der Müßiggänger, dafür sind seine Menschen viel zu fleißig. Die Arbeit, »Errberrd« bestimmt schicksalhaft das fränkische Dasein. Während man in Italien einen Arbeitslosen beglückwünscht, er könne nun für eine Weile das *dolce far niente* genießen, wird in Franken schon der automatische Türschließer als Faulenzer bezeichnet, weil er keine Arbeit verrichtet.

Einem richtigen Arbeitstier wird aufrichtige Bewunderung zuteil. Hartnäckig hielt sich lange der Glaubenssatz, daß jeder, der arbeiten wolle und nur intensiv genug nach eine Stelle suche, auch fündig werde. Nun besteht aber offenkundig ein immer krasseres Mißverhältnis zwischen der Zahl der Beschäftigungslosen und derjenigen der offenen Stellen. Den Deutschen – und somit auch den Franken – geht womöglich die Arbeit aus, die Zahlen der Bundesanstalt scheinen dies zu belegen. Das brachte so manchen ins Grübeln und schließlich das Credo in letzter Zeit etwas ins Wanken. Je mehr Menschen aber ohne Arbeit sind, um so mehr Arbeit beschert das der Bundesanstalt. Man hofft, daß die Entwicklung gestoppt wird, bevor alle Franken bei der Behörde Beschäftigung finden.

Das »Schlenkerla«

Bier wird in Franken viel und gern getrunken. Morgens, mittags, abends, zur Brotzeit, bei der Arbeit, zum Feierabend und zur Feier des Tages, im Frühling, Sommer, Herbst und Winter, aus Krügen und Gläsern, helles und dunkles, bei reich und arm – Bier ist einer fester Bestandteil des alltäglichen Lebens. Neben diesem eher beiläufigen Bierkonsum gibt es aber auch Tempel des rituellen Biergenusses. Ein solcher ist die Bamberger Vorzeige-Wirtschaft »Schlenkerla«. Die holzgetäfelten Wände und die Balkendecken dunkel verräuchert, immer brechend voll, die Luft zum Schneiden: Hier wird das berühmt-berüchtigte Rauchbier ausgeschenkt. In Bamberg, einer Stadt, in der sich einst der Fürstbischof höchstpersönlich über den Braukessel beugte. Bierseelsorgerisch ordnete er an, daß gutes Bier stark perlen und hoch schäumen müsse, einen prickelnden Geschmack und die hopfentypische Bitterkeit haben müsse, die den Gaumen kühle und erquicke. Darüber hinaus habe die Farbe vom Braun ins Sonnengelbe zu gehen. Solch aufwendige Sorgfalt wurde nicht jeder Gottesgabe des Bistums zuteil, aber sie hat Früchte getragen. Die Beachtung des Reinheitsgebotes wurde ebenfalls streng überwacht, da es vorher durch einige dubiose, nicht deklarierte Inhaltsstoffe zu unerwünschten Nebenwirkungen kam. Die Zahl der Bierleichen, die man nicht auf Alkoholeinwirkung zurückführen konnte, war mitunter beträchtlich und dezimierte in unerfreulicher Weise die Zahl der Kirchensteuerpflichtigen. So konnte das nicht weitergehen, der Bischof selber sah sich genötigt, nach seinen biertrinkenden Schäfchen zu schauen.

In den Hallen des »Schlenkerla« informiert der Bierfilz heute den Unkundigen, daß dieser Spezialtrunk nach uralten Rezepten von Meisterhand gebraut werde, und es wird vorsichtshalber weitererläutert, daß man sich an dessen Geschmack erst gewöhnen müsse. Spätestens nach der dritten Halben breche dann aber wahre Begeisterung über den Qualmgeschmack aus, den das Bier beim Grünmalztrocknen über Buchenscheiten erhält. Für die »Bambercher« ist der Geschmack zwar nicht mehr gewöhnungsbedürftig, weil sie ihn fast von Kindesbeinen an kennen, sie halten sich aber trotzdem an den empfohlenen Mindestkonsum. Kein Wunder, daß das Wirtshaus durch schwankende und »schlenkernde« Rauchbiergäste zu seinem Namen kam.

Christkindlesmarkt

Weihnachtsmärkte gibt es mittlerweile landauf, landab in beinahe jedem größeren deutschen Dorf.

Aber es gibt nur einen ältesten, traditionsreichsten, medienwirksamsten, weltweit bekanntesten, größten und romantischsten: denjenigen am Fuß der Burg, auf dem Hauptmarkt, zwischen Schönen Brunnen und Frauenkirche in Nürnberg.

Seine herausragende Alleinstellung (alljährlich zwei bis drei Millionen Besucher) verdankt der Nürnberger Christkindlesmarkt drei Faktoren:

Tradition – erweist sich eben doch immer wieder als unschlagbarer Imagebringer, den sich die werbende Wirtschaft mit noch so aufwendigen Kampagnen für kein Geld der Welt kaufen könnte.

Lebkuchen-Tradition – Lebkuchen sind ein Wirtschaftsgut, das wegen seines raschen Verzehrs zur Freude der Lebkuchenbäcker immer wieder reichlich nachproduziert werden kann. Lebkuchen sind längst kein saisonales Produkt mehr. Wie jeder Deutsche weiß, befinden sich Lebkuchen rechtzeitig zum Beginn der Vorweihnachtszeit im Handel; und die fällt bekanntlich in etwa mit dem Ende der Sommerferien zeitlich zusammen. Lebkuchen haben für die Nürnberger den Vorteil, daß sie praktisch ausschließlich mit ihrer Stadt identifiziert werden. Kein Mensch sagt einfach Lebkuchen, es heißt immer: »Nürnberger Lebkuchen«, so wie »Lübecker Marzipan«, »Dresdner Christstollen«, »Frankfurter Würstchen mit Senf« etc. Daran sieht man, wie gut die Nürnberger daran tun, ihr Lebkuchen-Monopol zu verteidigen.

Rauschgoldengel-Tradition – Seitdem die Messing-
schläger im benachbarten Schwabach den Kniff raus-
hatten, hauchdünne Metallfolien zu produzieren, kniffen
zarte Frauenhände daraus die kniffligen Gewänder der
filigranen Schwebewesen, denen Gesicht und Hände
aus Wachs und wattiges Wallehaar aufgesetzt wurden.
Früher geschah dies in den Buden auf dem Christkindlesmarkt selbst, heute muß man befürchten, daß die
Rauschgoldengelproduktion ein saisonaler Neben-
erwerb der fränkischen Spielwarenhersteller geworden
ist.

Der Christkindlesmarkt ist insofern ein schönes Beispiel für die fränkischen Zusammenhänge zwischen Tradition und Produktion.

Fränkische Geschichte

Wir befinden uns im Jahr 50 vor Christus. Ganz Gallien ist von den Römern besetzt. Ganz Gallien? Nein, ein von unbeugsamen Galliern bevölkertes Dorf hört nicht auf, dem Eindringling Widerstand zu leisten. Und das Leben ist nicht leicht für die römischen Legionäre, die als Besatzung in den befestigten Lagern Babaorum, Aquarium, Laudanum und Kleinbonum liegen ...

Einige Jahre später ... Es ist um das Jahr 0, da ist Gallien bis zum Rhein und der ganze Süden Germaniens bis zur Donau von den Römern besetzt. Roms Legionäre schicken sich gerade an, bis zur Elbe durchzumarschieren. Aber halt! Zwischen Rhein, Donau und Elbe liegt ein wilder Landstrich, der von unbeugsamen Urfranken bevölkert wird, und die hören nicht auf, den römischen Eindringlingen erbitterten Widerstand entgegenzusetzen.

Den römischen Legionären gelang es lediglich, einige Dörfchen einzunehmen, als die Einheimischen gerade ihren Metrausch ausschliefen. Auf dem Hesselberg, der heute an der schwäbisch-fränkischen Grenze liegt, richteten sie eine Spähstation ein. Von dort aus schauten sie sehnsüchtig hinüber ins Land der Barbaren, die dort fröhliche Wildschwein- und Bratwurstorgien feierten.

Rauscherzeugendes Gebräu floß damals schon in Strömen. Ansonsten mußten sich die Römer aber entschließen, hier ihre Grenzbefestigung, den Limes, zu bauen.

Fast zwei Jahrtausende später übernahmen Amerikaner jene Aussichtsplattform auf dem Hesselberg, um die deutsche Mitte im Blick zu behalten.

Den Franken aber ist jener Grenzberg, an dem die Römer gestoppt wurden, seit alter Zeit das, was den Japanern der Fudschijama oder den Australiern der Ayers Rock – ein geheimnisumwitterter, magischer Ort. Neugierig spähten jedoch auch die Franken über den Grenzwall hinüber, der ihr uriges Land von der zivilisierten Welt Roms trennte. Und sie haben dabei den Römern zeitig einige interessante Dinge wie den Weinbau und die Kriegskunst abgeschaut und eifrig nachgemacht. Die Römer konnten es sich nicht verkneifen, auf einer frühen Frankenkarte zu vermerken, die dortigen Bewohner seien »fallax et astuta« – verschlagen und arg schlau.

Einige Jahrhunderte später ... Diese Zeit liegt im historischen Dunkel, weil die Franken leider vergessen hatten, das Schreiben zu erlernen und die von den Römern so penibel geführten Urkunden und Geschichtsbücher gar nicht mehr beachteten. Sie mußten sich aber in der Zwischenzeit mit den westfränkischen Karolingern zusammengetan und mit denen gemeinsam die lange in Vergessenheit geratene Streitaxt ausgegraben haben. Mit dieser Hieb- und Wurfwaffe wüteten sie schrecklich, gaben den nach Norden und Osten vordringenden Arabern eins auf die Mütze und erstritten sich ein ansehnliches Reich.

Der Frankenkönig Theudebert sandte im Jahr 540 nach Christus ganz stolz einen Brief an den Papst, in dem er berichtet, daß ihm in seinem großen Herrschaftsgebiet viele Stämme untertan seien und daß sein Reich vom pannonisch-ungarischen Grenzwall bis zum Weltmeer reiche.

Das muß wohl auch die Zeit gewesen sein, in der die Franken das Bayernland in ihren Besitz gebracht hatten, denn zwischen Ungarn und dem Atlantik liegt eben auch Bayern. Es ist aber nicht überliefert und geklärt, wie das eigentlich passiert ist. Die Bewohner dieses Bayernlandes waren damals so unbedeutend, daß sie nicht einmal einen eigenen Namen hatten, und deshalb konnten sie auch noch nicht besonders erwähnt werden. Wahrscheinlich waren die fränkischen Krieger, nach den erfolgreichen Feldzügen gegen Thüringen und Sachsen, in ihrem Tatendrang südwärts, bis Bozen und Kärnten, marschiert und hatten so ganz nebenbei das Land vor den Alpen besetzt.

Aufgehalten haben sie sich dort allerdings nicht lange; es ärgerte sie, daß sie in einige Kuhfladen getreten sind. Was war in dieser ehemaligen römischen Provinz Rätia II schon groß zu holen? Rasch wurden einige frankenfreundliche Bischöfe und fränkische Lehensträger den bayerischen Agilolfingern vor die Nase gesetzt, dann zog man eiligst weiter, um ein paar Alpenpässe in die Hand zu bekommen. Die Urbewohner beachtete man gar nicht weiter, die konnten sich vorerst in aller Ruhe weiter im Jodeln und Schuhplatteln üben.

Erst als der agilolfingische Herzog Tassilo aufmüpfig wurde und das Joch der Frankenherrschaft abschütteln wollte, wurde es ungemütlich in Bayern. Tassilo war sein Herzogsamt los und hatte einen Prozeß wegen Hochverrats am Hals. Da war Schluß mit lustig! Er wurde zuerst zum Tode verurteilt, dann aber von dem Frankenkönig Karl dem Großen zu lebenslänglichem Klosterdasein begnadigt. Jodeln, Schuhplatteln und Fensterln wurde nun von den fränkischen Herren streng untersagt. Die fanden nämlich, daß man diesem ungebärdigen voralpinen Stamm besser auf die Finger sehen müsse, und deshalb siedelte man jetzt hier Franken an; Ortsnamen auf -heim lassen noch heute ihren fränkischen Ursprung erkennen. Das wichtigste Ziel fränkischer Politik war jedenfalls erreicht: Bayern war eine Provinz des großen Frankenreiches.

Wiederum einige Jahrhunderte später ... starben die ostfränkischen Karolinger mit Ludwig dem Kind aus. Und nun atmeten die Nachbarstämme auf, denn die Ostfranken, die Vorfahren unseres heutigen Stammes der Franken, waren jetzt erst einmal mit sich selber beschäftigt. Zahlreiche Häuptlinge hielten Ausschau nach ihren abhanden gekommenen Indianern. Auf einen Oberhäuptling konnte man sich beim besten Willen bei so vielen verschiedenen Herrschaftsansprüchen nicht einigen. Und statt eines starken Stammesherzogtums, wie bei den benachbarten Bayern, Schwaben oder Sachsen, entstand nun, in des alten Reiches Mitte, ein bunter Flickenteppich aus Reichsstädten und Reichsdörfern, Bistümern und kleinen, noch kleineren und allerkleinsten Fürstentümern.

Der urdeutsche Hang und Drang zur Kleinstaaterei – in Franken hat er sich ungehemmt austoben dürfen. Die zahllosen weltlichen und konfessionellen Willens- und Machtzentren bekämpften und verbrüderten sich abwechselnd, und alle miteinander fühlten sich um so stärker, je schwächer und ferner der Kaiser war. Die bunt zusammengewürfelten Franken wurden aber weitgehend in Frieden gelassen, denn schließlich wußten alle Nachbarn, daß sie jedem Eindringling sogleich den heftigsten und einmütigsten Widerstand entgegensetzen würden ...

Tumulte gab es jetzt in den eigenen Reihen. Zu wenige Bauern hatten viel zu viele Herren zu ernähren. »Von unserer Hände Arbeit lebt die Welt. Wem gehört die Welt?« begannen die Bauern zu fragen und erhoben sich für mehr soziale Gerechtigkeit und politischen Einfluß. Mit den Bauernkriegen sind die Namen Florian Geyer, Götz von Berlichingen, Tilman Riemenschneider und Markgraf Casimir, mit dem wenig verheißungsvollen Beinamen »der Bauernschlächter«, verknüpft. Die Aufständischen hatten nur eins übersehen: die alte fränkische Neigung, im Widerstand geeint zu sein. So uneins die weltlichen und geistlichen Herren sonst gewesen sein mögen, nun waren sie plötzlich völlig einig, daß man gegen diese mit Mistgabeln bewaffneten Bauernhorden die eigenen gut ausgebildeten Truppen losschicken müsse. Von Martin Luther erhielten sie noch geistigen Beistand, der meinte, daß diese Rebellen ihn völlig mißverstanden hätten und sich gegen eine Ordnung auflehnten, die gottgewollt sei. Kurzum – die Bauernaufstände waren bald niedergeworfen und die alte Ordnung wiederhergestellt.

Weitere drei Jahrhunderte sind nun vergangen ...
Nicht nur der Ball, auch das Rad der Geschichte ist be-

kanntermaßen rund, und so kam jetzt nach oben, was vorgestern noch unten war. Napoleonische Truppen und der Geist der Aufklärung brausten wie ein Sturmwind nach Osten. Im Gefolge wurde der fränkische Ritteradel zertrümmert, Bistümer und Klöster säkularisiert, und all die fränkischen Quer- und Dickschädel mußten sich jetzt Blaublütlern beugen, die plötzlich viel mächtiger waren als sie selber: den Wittelsbachern, Bayerns Königen von Napoleons Gnaden. Nach dem Sturz Napoleons tanzte der Wiener Kongreß. In den Tanzpausen fand sich jedoch Zeit, Europa neu zu verteilen. Und nun kam der überwiegende Teil Frankens endgültig zu Bayern. Jetzt war man wieder beieinander, rund tausend Jahre nach den letzten Agilolfingern hatte Herzog Tassilo quasi eine späte Rache genommen.

Zuerst rührte der Machtpolitiker Graf Montgelas in Franken einiges böses Blut auf, dann beschwichtigte der bayerische Schwarmgeist Ludwig I. wieder. Der entließ zuerst den allzugut fegenden neuen Besen und wandte sich dann völlig begeistert den zahlreichen romantischen Winkeln Frankens zu. Aschaffenburg wurde sein »bayerisches Nizza«. Als er nächtens durch die mittelalterlichen Gassen Nürnbergs wandelte, spielte er sogar mit dem Gedanken, die Stadt mit dem Lebkuchenherzen zur neuen Hauptstadt zu küren. Das muß ihm wieder jemand ausgeredet haben. Man stelle sich nur einmal vor, Nürnberg wäre heute anstelle Münchens bayerisch-fränkische Hauptstadt!

Viel ist nun nicht mehr zu berichten, denn seit jenen Tagen, steht da die Geschichte in Franken nicht fast still? Im Jahr 1835 verkehrte zwischen dem Nürnberger Plärrer und der Fürther Freiheit die erste deutsche Eisenbahn. Als erstes Frachtgut führte sie fränkischen Überlebensstoff mit sich – zwei Fäßchen Bier. In den dreißiger Jahren des 20. Jahrhunderts wurde Nürnberg dazu auserkoren, Austragungsort der Hitlerschen Reichsparteitage zu sein. Die Stadt erlebte Massenaufmärsche nie gekannten Ausmaßes. In den vierziger Jahren fanden dann Kriegsverbrecherprozesse nie gekannten Ausmaßes statt. Und nun? Nun befinden wir uns in der Zeit der Jahrtausendwende. Ganz Franken ist immer noch von den Bajuwaren besetzt. Ganz Franken besetzt? Nimmermehr! entsetzen sich da die Franken. Dies unbeugsame Völkchen hört nicht auf, dem Eindringling Widerstand zu leisten. Und das Leben ist nicht leicht für die bayerischen Legionäre, die als Besatzer in der Provinz Franconia liegen ...

Fränkische Politik

In der bayerischen Politik fühlen sich die Franken kaum bis gar nicht repräsentiert. Denn die allmächtige CSU, die steht ausschließlich für Gamsbart und Lederhose, BMW und FC Bayern München, Trachtenjanker und Dirndl, Oberammergau und Königssee, weiß-blau ausstaffierte Bierzelte und weißblauen Föhnhimmel. Die gesamte Riege der bayerischen CSU-Größen spricht so konsequent »boairisch«, daß die bayerische Splitterpartei SPD ohne besonderes Dazutun in den Ruf der Frankenfreundlichkeit kam.

Doch die Bajuwarisierung der Politik im Freistaat geht mittlerweile so weit, daß selbst die Dauer-SPD-Chefin Renate Schmidt, eine waschechte Mittelfränkin, so stark sprachlich kontaminiert ist, daß sie auf Wahlkampfreden das »r« schon beinahe bayerischer rollt als Edmund Stoiber und Theo Waigel zusammen.

»Frei statt Bayern« lautet denn auch der Slogan, mit dem der Fränkische Bund mittels Aufklebern und Zeitungsanzeigen für die Abspaltung Frankens vom Freistaat Bayern wirbt. Der Freiheitsdrang dieses widerspenstigen Völkchens der Franken ist legendär, und so soll ein freies Bundesland Franken her. Schließlich ist der Begriff »Nordbayern« für jeden echten Franken eine grobe Zumutung. Ein Franke, der sich selbst als Bayer bezeichnet – *horribile dictu* –, ist es nicht wert, Franke zu sein. So ächten Hüter der wahren fränkischen Identität eventuelle Abtrünnige. Denn was, bitte schön, so fragen die Aufrechten rein rhetorisch, wäre denn Bayern ohne Franken?

Von sieben bayerischen Regierungsbezirken sind drei, nämlich Ober-, Unter- und Mittelfranken, wie ja schon der Name verrät, fränkisch. Über ein Drittel des gesamtbayerischen Gebiets ist fränkisch, und ziemlich genau ein Drittel der Einwohner Bayerns sind in Wahrheit Franken. Selbst im Staatsnamen des Freistaates fallen die Franken unter den Tisch. Da geht es Pfälzern, Westfalen, Badenern und sogar den Vorpommern wesentlich besser, die werden bei ihren Bundesländer-Doppelnamen wenigstens mit erwähnt.

Doch damit nicht genug! Die Kulturgüter Frankens besitzen Weltgeltung. Die barocken Wallfahrtskirchen, mittelalterlichen Städte, fürstbischöflichen Residenzen locken Touristen zuhauf ins Land. Franken, und nicht Bayern, nennt Weinberge sein eigen, in denen die Trauben der berühmten Bocksbeutelweine wachsen. Wenn es möglich wäre, so argwöhnen manche Franken, dann würden die Bayern die Rebhügel an Main, Saale und Tauber abtragen und an die Isar verpflanzen. Doch da ist der Allerhöchste vor!

Die Franken meinen, sie stünden mit einem eigenen Bundesland erheblich besser da. Denn es geht auch ums Geld, und wirtschaftlich fühlen sie sich als bayerisches Kolonialgebiet. Die Separatistenbewegung eignet sich deshalb hervorragend als Drohgebärde, um der Forderung, daß fränkische Steuergelder wieder nach Franken fließen und nicht vorrangig den Münchner Speckgürtel fetter machen sollen, Nachdruck zu verleihen. Das Landesentwicklungsgesetz schreibt zwar überall gleiche Lebensverhältnisse vor, aber das Pro-Kopf-Einkommen der Franken liegt um sechs Prozent unter dem bundesland-bayerischen Landesdurchschnitt, während die Oberbayern um sechzehn Prozent darüberliegen. Und die Arbeitslosenquote in Nordbayern – sprich: Franken – ist deutlich höher als in Südbayern. Das Geld, das in München verteilt wird, versickert, so argwöhnt man, eben oft auffallend schnell um den bayerischen Quelltopf herum. So ist die Strukturpolitik Bayerns einer der Gründe, warum sich die Franken stiefmütterlich behandelt fühlen.

Ein neues Imperium
Das politische Ziel der Separatisten ist die Abspaltung der drei fränkischen Regierungsbezirke durch ein Volksbegehren. Aus den drei fränkisch-bayerischen Bezirken soll zusammen mit dem baden-württembergischen Main-Tauber-Kreis und vier südthüringischen Kreisen ein Bundesland Franken entstehen. Im Vergleich mit anderen bundesdeutschen Winzlingen, wie den Stadtstaaten Bremen und Hamburg, dem Saarland oder dem benachbarten Thüringen, wäre dann Franken – so träumen sie weiter – mit 4,3 Millionen Einwohnern und 27 000 km² Fläche geradezu ein Imperium. Zwar keines wie das alte glorreiche Frankenreich von ehedem, aber selbst im eu-

ropäischen Vergleich wäre es so groß wie das kleine Belgien und hätte so viele Einwohner wie Norwegen. »Wir können es schaffen. Wer hätte schon vor ein paar Jahren gedacht, daß die DDR zusammenbricht«, meint der Vorsitzende des Fränkischen Bundes hoffnungsfroh. Siebentausend Unterschriften waren 1993 für ein Volksbegehren gesammelt, doch das Bundesinnenministerium lehnte das freiheitlich inspirierte Ansinnen ab. Die Freiheitsbewegten erhalten jedoch in Franken für ihr Anliegen einige Unterstützung. In ihrer nationalen Frage sind sich Franken über die Parteigrenzen hinweg einig: »Ein freies Franken muß her!«

Unterm kulturellen Joch

Ihre kulturelle Eigenständigkeit werde unter bayerischer Kulturhegemonie mißachtet, wehklagen die Franken. Zum Jammern neigen sie doch sonst nicht! Aber Zitherspiel und Alphorngebläse, die alpine »Stubnmusi« und das »Sepplboairisch« mit denen der Bayerische Rundfunk das Land beschallt, zerren halt an den fränkischen Nerven. Dem BR sei es sogleich eine Staumeldung wert, wenn in Schwabing drei Autos an einer Kreuzung stehen, ein drohender Verkehrsinfarkt am Nürnberger Autobahnkreuz werde aber nonchalant übergangen. Wenn in Oberbayern eine Kuh hustet, sei sogleich ein Kamerateam vor Ort, wenn in Oberfranken aber die gesamte Porzellanindustrie im Koma liegt, sei das für die Münchner zu weit im Abseits.

Der Begriff Franken wird sowieso geflissentlich umgangen. Die Vorabendsendung zum Tagesgeschehen in Franken nennt sich »Bayern – der Norden«. Ein weiteres Ärgernis: Die große Franken-Ausstellung zog im badischen Mannheim 200 000 Besucher an. Anschließend war sie in Berlin und Paris zu sehen, nicht aber in Nürnberg. Dafür durften die Franken in Ansbach eine Schau über den Grafen Montgelas bewundern. Den Mann, der bei der napoleonischen Flurbereinigung durch straffen Zentralismus und die rigorose Beseitigung regionaler Einrichtungen Franken mit dem altbayerischen Gebiet zu verschmelzen versuchte. Die Erinnerung daran schmerzt die Frankenseele heute noch heftig. Die heimliche Frankenhymne kommt deshalb aus tiefstem Herzensgrunde:

O heiliger Veit von Staffelstein,
beschütze deine Franken.
Und jag die Bayern aus dem Land,
wir wollen's dir ewig danken.
Wir wollen freie Franken sein
und keine Rucksack-Bayern.
O heiliger Veit von Staffelstein,
das würden wir gerne feiern.

Was wäre, wenn?
Ja, was wäre, wenn Franken tatsächlich ein eigenes Bundesland würde? Wenn all diese fränkischen Obelixe gegen die bayerische Staatsmacht obsiegen würden?

Es ist zu befürchten, daß bereits angesichts der Frage, welche der blühenden fränkischen Städte denn nun zur

neuen Landeshauptstadt erkoren werden sollte, ein hef-
tiger Bruderkrieg entbrennen würde. Den oberfränkisch-
lutherischen Bayreuthern wäre das katholisch-lebens-
frohe Würzburg fast so fremd und fern wie München. Die
mittelfränkischen Ansbacher würden argwöhnen, ob sich
die unterfränkischen Aschaffenburger überhaupt mit Fug
und Recht Franken nennen dürfen. Die leben doch in
gefährlicher Nähe zu Hessen. Spielt nicht sogar ihre Ju-
gend-Fußballmannschaft in landesverräterischer Art und
Weise in der hessischen Liga?

Und den Nürnbergern schiene es ganz selbstverständlich, daß ihre Noris, die schon im Mittelalter Weltstadt
war, nun endlich Frankenmetropole sein müsse – was
wiederum von allen anderen bestritten würde.

Kurzum, das alte fränkische »Gwerch«, das Durcheinander, würde wieder aufleben, das jahrhundertelang
herrschte, bevor Franken durch die Rebellion gegen Bayern zwangsweise geeint wurde. Der anarchistische Zug
der Franken würde bewirken, daß am Ende jeder Franke
stolz und frei für sich selber stünde. Ein jeder wäre dann
Herrscher über ein Reich, das an der eigenen Dachtraufe
endete. Und selbst der liebe Gott hätte Mühe, darüber
noch als Autorität anerkannt zu werden.

Berühmte Fränkinnen & Franken

Der größte Franke

heißt mit Beinamen einfach »der Große«. Er stammte im übrigen gar nicht aus Franken, sondern aus Belgien. Aber zu jener Zeit erstreckte sich *Francia* auch nicht lediglich vom Oberlauf der Saale bis zum Unterlauf des Mains, sondern von der Loire bis an den Main. Und auch daran sollte sich im Laufe seines Lebens einiges ändern.

Der große Franke saß also in seiner Pfalz und hatte Visionen von blühenden Landschaften im Osten, wo überwiegend Sachsen lebten, und er hatte sich Gedanken darüber gemacht, wie er diese Sachsen mit seinen Franken vereinigen könnte. Das war allerdings leichter gesagt als getan. Zunächst veranlaßte der große Franke den Fall eines Baumes, und von da an strömten lauter Franken-Wessis zu den Sachsen-Ossis. Die Franken waren der Meinung, die Sachsen sollten, wie die Leute im Westen, christliche Gedanken hegen und die kaiserlich-römische Grundordnung akzeptieren. Die Sachsen hielten jedoch gar nichts von Waldsterben und auch nichts von Kirchensteuer, deshalb leisteten sie erbitterten Widerstand, wogegen die Wessis mit den Ossis auch keineswegs zimperlich umsprangen. Es dauerte dreißig

Jahre bis die innere Einheit vollendet und Sachsen endgültig in *Francia* integriert war.

Die nächsten Kandidaten auf der Wiedervereinigungsliste des Großen waren die Bayern. Bayern war zu jener Zeit nicht viel mehr als ein relativ unabhängiges Mini-Voralpenreich, in dem ein Herzog mit dem urbayerischen Namen Tassilo lieber mit Österreich-Ungarn paktierte als mit dem großen Franken. Dieser sorgte schlußendlich dafür, daß Tassilo hinter Klostermauern verschwand. Bayern wurde fränkisch. Nicht zuletzt wegen dieser Umkehrung der heutigen Verhältnisse ist der große Franke den Franken der Größte.

Daß der große Franke späterhin Franken wirklich großgemacht hat, erscheint demgegenüber aus heutiger fränkischer Sicht gar nicht mehr so wichtig. Zu seinem ererbten Frankreich, Belgien und Franken kamen außer Sachsen und Bayern noch Holland, Österreich und Italien hinzu – mit anderen Worten: Franken war eine Art vereintes Europa, jedenfalls mehr oder weniger in den Grenzen der Gründerstaaten der EU. Zur Belohnung wurde der große Franke dann im Jahre 800 vom Papst in Rom in Privataudienz empfangen.

Man weiß, daß der große Franke wirklich groß war; sieben Fuß entsprechen der Kohl'schen Konfektionsgröße 70. Außerdem war »sein Hals dick und sehr kurz«. Er war gierig im Essen, aber mäßig im Trinken. Seidene Anzüge verschmähte er und trug lieber Wolljacken und Hosen. (Hosentragen war damals hypermodern.) Der große Franke liebte Wasserkuren und badete gerne mitsamt seinem Hofstaat einschließlich den Bodyguards in heißen Thermalquellen.

Fränkisch war seine Muttersprache, aber er sprach auch mühelos Lateinisch, was man von den Herrschaften, die zwölfhundert Jahre später Europa wiedervereinigen wollen, meist nicht sagen kann. Schreiben und Lesen konnte er jedoch nicht, und einen Internet-Anschluß besaß er auch nicht. Brauchte er auch nicht: Unermüdlich ritt er durch sein Frankenreich, von der spanischen Grenze bis an die Elbe und von Rom bis an die Nordsee und erledigte die Büroarbeit vor Ort.

Nach seinem Tod teilten seine drei Söhne das europäische Frankenreich unter sich auf. Für die Franken links des Rheins wurde der große Franke zu *Charlemagne*. Die Franken rechts des Rheins erinnerten sich erst wieder zweihundert Jahre später etwas lebhafter an Karl, nachdem es ausgerechnet den ehemaligen Oppositionellen aus Sachsen, die seine Amtsnachfolger geworden waren, gelungen war, die inzwische eingetretene deutsche Misere zu beenden. Hierzulande war nur Franken Franken geblieben.

Der Bamberger Reiter
ritt einstmals für Deutschland, als sich Nazi-Kunstdenker dieser äußerst qualitätvollen, beinahe lebensgroßen Reiterstatue ideologisch bemächtigten und in ihm »deutsches Wesen« erkannten, das »in seiner adeligsten Gestalt über die Jahrhunderte leuchtete«. Ob die Statue als Idealbild gelten sollte oder ob damit eine historische Gestalt, also eine konkrete Person dargestellt werden sollte, ist bis heute umstritten.

Identifikationsvorschläge bezüglich des einen oder anderen Herrschers wurden immer wieder gemacht, und es ist makaber und kurios, wie sich die braune Kunstideologie mit ihnen herumschlug. Diese Verkörperung deutschen Wesens konnte nicht Konrad III. sein, ein glückloser deutscher Gegenkönig, dessen Heer im Kreuzzug aufgerieben worden war, also ein Versager. Selbstverständlich auch nicht der heilige Stephan, ein Ungarn(!)könig. Und natürlich auch nicht der Stauferkaiser Friedrich II., der sich in Palermo für den damaligen deutschen Geschmack zu viel mit Sarazenen und gelehrten Juden umgeben hatte.

Gesichert ist lediglich, daß das eindrucksvolle Mannsbild einst bemalt war: blau der Mantel, golden die Krone, der Gürtel und die Sporen und das Pferd ein Rotfuchs. Es handelt sich um das früheste Reiterstandbild seit der Antike. Gefertigt wurde es im gotischen Stil während der Hochblüte der staufischen Kultur in den ersten Jahrzehnten nach 1200. Damit erschöpft sich dann das Wissen der kunsthistorischen Branche bereits. Wo das Wissen aber ein dunkles Rätsel nicht erhellen kann, ist Phantasie gefragt, und so kommen denn die Franken selbst dazu, ihr Recht auf freie Meinungsäußerung wahrzunehmen. »Der schaut so gut aus, das kann doch nur ein Einheimischer gewesen sein«, meinen die Bambergerinnen, die das eigentlich wissen müssen. »Männer überzeugen durch ihre Kraft und ihre Lässigkeit« könnte ein zeitgenössischer Liedermacher darauf antworten.

Der junge Mann am Pfeiler des Bamberger Doms ist jedenfalls so zeitlos attraktiv, daß man ihn sich statt auf einem Pferd ohne weiteres auf einem Surfbrett oder in einem Cabrio vorstellen kann – vorausgesetzt, er würde statt seiner Tunika eine Jeans tragen.

Ein Rechenmeister

Ist es Zufall, daß sich fränkisch auf zänkisch reimt? Die Staffelsteiner in der Fränkischen Schweiz balgen sich mit den Zwonitzern in Sachsen darum, sich Geburtsort des sprichwörtlichen Adam Riese nennen zu dürfen. Moderne Forschungen bestätigen den Staffelsteinern jedenfalls, was die schon immer wußten. Staffelstein ist der Geburtsort des Rechenmeisters! Woher sollten denn die überaus erfolgreichen Nürnberger Kaufleute, die Pfeffersäcke, das genaue Rechnen erlernt haben? Irgendwer muß ihnen das doch beigebracht haben. Und das kann eigentlich nur ein haushälterischer, zahlengenauer Franke gewesen sein. Vielleicht ging Adam Riese aber auch, zur Vervollkommnung seiner Rechenkünste, bei den Nürnbergern in die Lehre. Die verfügten nämlich über ein weltberühmtes Lehrverfahren, das zu raschen, maximalen Lernerfolgen führte. Auch geistig nicht ganz so beweglichen, selbst einfältigen Schülern konnte damit auf effektive Weise etwas beigebracht werden. In der Historie der Didaktik ist es als *Nürnberger Trichter* unvergessen. Ob Adam Riese je in den Genuß dieser Methode kam, das wissen wir nicht. Seit er vor rund fünfhundert Jahren mehrere Lehrbücher des praktischen Rechnens und der Algebra veröffentlichte, die großen Erfolg hatten und weite Verbreitung fanden, ist eines aber ganz sicher: 2 x 2 ist bis heute nach Adam Riese 4!

Ein Meistersinger

Irgendwann waren auch im Fränkischen die letzten Trou-
badoure und Ritter ausgestorben und mit ihnen der Min-
nesang. Nirgendwo fanden noch Sängerwettstreite statt,
keine *Grands Prix d' Eurovision* mehr, die nächtlichen
Gassen lagen einsam und verlassen, weil keine ergrei-
fenden Liebeslieder mehr zum Lautenklang dargeboten
wurden. Das ließ einige wackere Handwerksmeister
nicht ruhen. Sie fanden, daß man in dieser TV- und CD-
losen Zeit etwas für die Unterhaltung tun müsse, und
schlossen sich zu den später so berühmt gewordenen
Meistersingern zusammen. In ihren Singschulen lehrten
und lernten sie die Poesie und Musik neben ihrem
Bäcker-, Metzger- oder Schusterhandwerk. Weil aber das
Brezelbacken, Würste machen und Schuhe besohlen von
jeher die nahrhaftere Profession war als Verse schmieden und Kantaten singen, mußten sie den Meistersang
als Hobby betreiben.

Einer dieser sangesfreudigen Meister war der Schuh-
macher Hans Sachs. Bis auf eine fünfjährige Wanderzeit,
die ihn durch ganz Deutschland führte, blieb er sein Leb-
tag lang in seiner Heimatstadt Nürnberg. Dort dichtete
und sang er so emsig, daß es sehr verwunderlich
scheint, daß er daneben tatsächlich noch Zeit für das
ehrwürdige Schusterhandwerk aufbringen konnte. Neben seinem Œuvre nimmt sich das von Simmel geradezu
bescheiden aus. Er hinterließ der staunenden Nachwelt
an die zweitausend Sprüche und Gedichte, rund viertau-
send Meisterlieder und fast zweihundert Possen und
volkstheaterhafte Fastnachtsschwänke, von denen manche immer noch zur Aufführung gebracht werden.

Hans Sachs war und blieb Schuhmachermeister, Meistersinger und ein Poet aus dem Volk fürs Volk. In seinen derben Possen und Schwänken artikulierte er den Humor der fränkischen Seele.

Die Meistersinger wären allerdings fast völlig in Vergessenheit geraten, trotz Hans Sachsens eindrucksvollem Wirken. Aber Richard Wagner sei Dank! Er setzte ihnen mit seinem Musikdrama *Die Meistersinger von Nürnberg* ein fulminantes Denkmal. Auch wenn es – dem wie immer hochmodernen -Wagner weniger darum ging, ein »mittelalterliches« Spektakel aufzuführen, als vielmehr darum, seine eigene Auffassung von musikalischer Kunst zu hinterlegen. In Wagners *Meistersingern* ist Hans Sachs das künstlerisch produktive Original aus dem Volk, also sozusagen der Rocker, der sich gegen den bürgerlich gepflegten Musikbetrieb stellt, wie ihn der unkreative Beckmesser repräsentiert, der sich Kunst lediglich als gepflegte Trockenübung vorstellen kann.

Ein Meistertrinker

Natürlich konnte eine solche Tat nur in Franken vollbracht werden. Eine derartige Trinkfestigkeit setzt jahrelanges hartes Training voraus:

Während des Dreißigjährigen Krieges wurde die Freie Reichsstadt Rothenburg von kaiserlichen Truppen unter dem GrafenTilly eingenommen. Weil die Rothenburger gar nicht daran dachten, sich gleich zu ergeben, sondern in echt fränkischer Manier erst einmal den Angreifern den heftigsten Widerstand entgegensetzten, verlor Tilly

etwas die Contenance. Er gab den Befehl, die Stadt nie-
derzubrennen und die Bewohner zu töten. Geistesgegen-
wärtig überreichten ihm die Rothenburger einen gewaltigen Humpen mit gutem Wein. Frankenwein, so dachten
sie ganz richtig, hat schon manchen Hitzkopf besänftigt.
Und tatsächlich wurde Tilly sogleich milder gestimmt.
Die Stadt und die Bürger sollten verschont werden,
lediglich der Rat der Stadt sollte hingerichtet werden.
Schon wetzte der Scharfrichter das Messer. Währenddessen wurde der Humpen wieder mit Wein gefüllt, und
der entfaltete weiter seine segensreiche Wirkung. Tilly
geriet nun vollends in weinselige Stimmung und verhieß
auch noch den Ratsherren Gnade, wenn sich unter ihnen
einer fände, der in der Lage wäre, den gewaltigen Becher
auf einmal zu leeren. Was heißt da »in der Lage wäre«?
Tilly schien völlig vergessen zu haben, daß er sich unter
Franken befand. Die gesamte Ratsmannschaft hatte seit
langem täglich für einen solchen Ernstfall geprobt. Jeder
wollte jetzt seine Leistungsfähigkeit unter Beweis stellen. Aus einem kleinen Scharmützel unter den Ratsherren ging schließlich der Altbürgermeister Nusch sieg-
reich hervor. Er durfte nun den Weinkrug, der immerhin
dreizehn Schoppen faßte, auf einen Zug leeren, und
Nusch zeigte sich dieser Herausforderung gewachsen.
Ihm war schon in der Vergangenheit manch guter Zug
gelungen. Das sollte sich nun bezahlt machen. Die dreizehn Schoppen trank er ganz locker auf ex. Wie die
Stadtchronik berichtet, schadete es ihm nichts, ganz im
Gegenteil! Für weniger hoch geeichte Weinzähne wäre
das eine Koma erzeugende, wenn nicht gar tödliche
Dosis gewesen. Beim Rothenburger Altbürgermeister

hatte es aber eine geradezu lebensverlängernde Wirkung. Denn die Erinnerung an Nusch ist bis zum heutigen Tag in Rothenburg lebendig. An der ehemaligen Ratstrinkstube erscheinen Graf Tilly und Bürgermeister Nusch an zwei Fenstern und setzen jetzt siebenmal täglich den Humpen zum Meistertrunk an, dem ehrfürchtig staunenden touristischen Volk zu zeigen, was fränkischeTrinkfestigkeit ist.

Albrechtus Durerus Noris

Quic quid Alberti Dureri mortale fuit, sub hoc conditur tumulo. Heutzutage würde niemand mehr einen Satz schreiben, dessen erste beiden Wörter mit »qu« beginnen. Willibald Pirckheimer, ein Humanist, Nürnberger Patrizier und bester Freund Albrecht Dürers, konnte dies selbstverständlich. Der lateinische Satz ist die Grabinschrift, die Freund Pirckheimer für Freund Dürer verfaßt hat: »Was sterblich war an Albrecht Dürer, das deckt dieses Grab.« Mit anderen Worten: Pirckheimer hielt seinen Freund für unsterblich.

Immerhinque – würde man heute sagen. Franken sind ja zu vielem fähig, aber *das* würde man nicht so ohne weiteres von einem von ihnen behaupten.

Wie dieser fünfhundert Jahre alte unsterbliche Franke aussah, davon hat man auch heute noch eine sehr genaue Vorstellung, denn er hat sich mehrmals selbst gemalt. Wer Dürers Selbstporträts betrachtet, kann sich auch denken, daß er wußte, daß er gut aussah; ein bißl eitel war er schon.

Man weiß auch um Dürers typisch fränkische haushälterische Penibilität im Umgang mit Geld aus seinen eigenen Aufzeichnungen. Bei jedem Groschen, den er aus-
gab, hat er notiert, wofür. Aber er war auch freigebig,
liebte gute Gesellschaft und war ein leidenschaftlicher
Sammler von Kuriositäten wie seltenen Pflanzen und
Steinen, Schildkrötenpanzern und Nüssen von sonder-
barer Form und Fächern und Speeren indianischer Einge-
borener.

Eitelkeit, Knickerigkeit und Sammelleidenschaft
machen einen Menschen im allgemeinen aber nicht unsterblich.

Jedoch konstatieren alle, die wissen daß Kunst von
Können *und* von Kennen kommt, daß Dürer im Europa
nördlich der Alpen zu seiner Zeit sozusagen *Top of the
Pop* – einfach unschlagbar – war.

Als drittes Kind eines schwer arbeitenden und nicht
sonderlich wohlhabenden Goldschmiedes geboren,
stammte er aus der Handwerkerschicht, was sich durchaus mit heutigen Verhältnissen vergleichen läßt. Er absolvierte zunächst eine Lehre in Papas Werkstatt, wobei
er vor allem sehr solide im Umgang mit dem Stichel vertraut wurde, eine wichtige Voraussetzung für seine spä-
tere Meisterschaft als Kupferstecher. Als Dürer sich seiner kreativen zeichnerischen Fähigkeiten bewußt wurde,
absolvierte er eine Zusatzausbildung bei Nürnbergs damals bedeutendstem Maler Michael Wolgemut. Was er
sonst noch alles lernte, eignete er sich auf »Studienreisen« in die Zentren der damaligen Kunst an: Elsaß, Nie-
derlande und etwas später Italien. Soviel zum »Können«.

Mit seinen Reisen begann Dürer »weltläufig« zu werden: Für einen Franken kein Problem, jedenfalls nicht in dieser Zeit, als eine Stadt wie Nürnberg im Mittelpunkt des Welthandels stand. Er eignete sich nicht nur das künstlerische Formenwissen seiner Zeit, sondern auch eine umfassende humanistische Bildung an, und das in einer Zeit, als jeder, der halbwegs lesen und schreiben konnte, von »Bildung« geradezu besessen war. Soviel zum »Kennen«.

Dürers Ansehen war bereits zu Lebzeiten ungeheuer groß. Nicht nur wegen seiner Fähigkeiten als Maler und Zeichner, sondern auch wegen seiner humanistischen Qualitäten wurde er von Kaiser Maximilian in Dienst genommen. Die Wirkung seiner Kunst war unermeßlich. Einer der bedeutendsten Gelehrten unserer Zeit stellt dazu fest: »Dürers erste Italienreise darf, so kurz sie war, als Beginn der Renaissance in den nördlichen Ländern bezeichnet werden.«

Dieser Nürnberger war für die Malerei seiner Zeit ungefähr so revolutionär wie Picasso für das 20. Jahrhundert.

Wem all dies nicht behagte, war Dürers Frau Agnes. Mit der war er lebenslang unglücklich verheiratet, in einer von den Eltern arrangierten Ehe. Agnes Dürer war davon ausgegangen, mit diesem Maler einen rechtschaffenen Handwerker im Sinne ihrer Zeit geheiratet zu haben, einen der Bilder macht, so wie ein Schneider Mäntel und Hosen anfertigt.

Dürer aber wuchs über diesen sozialen Kreis, dem er entstammte, weit hinaus, verkehrte mit Gelehrten und Wissenschaftlern, Bischöfen, Patriziern, Adligen und Fürsten auf beinahe gleichem Fuß. Damit konnte seine Frau

nichts anfangen, die Eheleute pflegten getrennt zu speisen. Dürer notierte, seine Frau und die Magd »mögen
heroben kochen und eßen«. Agnes entschiedenste Abneigung galt Willibald Pirckheimer, Dürers bestem
Freund. Pirckheimer war der Sohn einer der angesehen-
sten Familien Nürnbergs, er war steinreich, hochgebil-
det, ein Renaissancemensch par excellence. Von den
subtilsten Kenntnissen der antiken Klassiker bis zu den
derbsten Männerspäßen teilten der zarte und gesund-
heitlich anfällige Dürer und der stattliche, launische und
vitale Pirckheimer ein riesiges Spektrum gemeinsamer
Interessen.

Agnes mochte vielleicht etwas für fein gestrichelte
Stallhasen, Nürnbergs bekanntestes Haustier, übrig
haben, eine Grabinschrift wie die von Pirckheimer hätte
sie für ihren Mann nicht verfaßt.

Ein Heiliger

Als Wanderbischof kam der Ire Kilian einst ins Frankenland, um die Franken zu bekehren, die in dunklem Hei-
dentum dahinlebten. Das sollte ihm gar nicht gut bekommen. Zwar gelang es ihm ohne Mühe, Herzog Goz-
bert zum Christentum zu bekehren, und der scheute sich
nicht, unverzüglich christliche Moralvorstellungen in
die Tat umzusetzen. Er trennte sich nämlich von seiner
Schwägerin Gailana, der Frau seines Bruders, mit der er
bis dato in wildem, höchst vergnüglichem Verhältnis gelebt hatte. Möglicherweise war Kilian zu dem Zeitpunkt
bereits ein ausgezeichneter Kenner des Frankenweins,

ein Kenner des Frankenweibes war er jedenfalls nicht. Fränkinnen gleichen ruhenden Vulkanen, bei denen es aber jederzeit zu heftigen Eruptionen kommen kann. So war auch Gailana keinesfalls erfreut über den christlichen Einfluß, den Kilian auf ihren Liebhaber nahm. Sie raste vielmehr vor Wut und ließ den frommmen Mann kurzerhand von gedungenen Mördern umbringen.

»G'schehn ist g'schehn«, meinen die Franken lapidar zu Unabänderlichem. Im Falle Kilians wurden sie aber doch bald vom schlechten Gewissen geplagt. Daß da ausgerechnet einem, der ihnen die Tröstungen der christlichen Religion gebracht hatte, von einer Fränkin so übel mitgespielt wurde, das ließ sie nicht ruhen. Und so entschlossen sie sich zu einer umfassenden Wiedergutmachung. Kilian wurde umgehend zum Schutzheiligen der Franken erklärt, Reliquien des Heiligen werden in Würzburg verwahrt. Jedes Jahr am Kilianstag wallfahren Franken in stattlicher Anzahl dorthin und leisten Abbitte. Einer der berühmtesten fränkischen Bildhauer und Bildschnitzer, der Meister Tilman Riemenschneider, schuf Büsten von Kilian und seinen beiden Gefährten Totnan und Kolonat, die das Schicksal des Heiligen teilten. Obendrein wird Kilian als Patron der Winzer – zumindest der unterfränkischen – verehrt. Als Höhepunkt des Wiedergutmachungspakets muß jedoch das Würzburger Kiliani-Fest betrachtet werden. Da scheuen die Würzburger und die Franken, die aus der weiteren Umgebung anreisen, weder Kosten noch physische Anstrengungen, um zu Ehren des Heiligen kräftig zu essen, gewaltig zu trinken und ansonsten den Kilian einen guten Mann sein zu lassen. Gastfreundlich und freigebig, wie die Franken

nun mal sind, gönnen sie aber auch ihrem Schutzheiligen etwas. Unter seiner Statue auf der Mainbrücke zu
Würzburg ist der Volksreim zu lesen: »Und glüht mir
auch vom fränkischen Wein allmählich rot der Zinken,
soll ich schon Winzerschutzherr sein, will ich auch selbst
was trinken.«

Ein Unheiliger

Im offiziellen Heiligenkalender der Kirche ist Gambrinus
nicht verzeichnet. Reliquien werden von ihm nirgends
aufbewahrt. Und dennoch wird dieser sagenhafte fland-
rische König aus der karolingischen Zeit in Franken verehrt wie kein zweiter. Kein Tag, an dem ihm nicht gehuldigt wird; kein noch so kleines Dorf, in dem sich nicht
eine seiner so zahlreichen Kultstätten befindet, wo sich
seine Jünger versammeln. In Wirtshäusern und Kneipen,
auf den Kellern und der »Kerwa«, überall raunt es seinen
Namen. Gambrinus wird als Erfinder des Bierbrauens
und als Schutzherr der Brauer verehrt – und Franken, das
ist sein Herzland.

Berühmte zugewanderte Franken
Tilman Riemenschneider Das Holzschnitzerhandwerk
wird heutzutage allenfalls noch für die Anfertigung von
Spielzeug und Krippenfiguren ausgeübt, aber wahrscheinlich geht auch das maschinell. Allerdings hängen
die Leute inzwischen auch keine Madonnen mehr im

Weinberg auf, wie früher die Volkacher. Anhand der großen Flügelaltäre, die Riemenschneider für Creglingen, Rothenburg und Detwang schuf, kann man sich ein Bild von den Franken jener Zeit machen.

Riemenschneider, ein gebürtiger Thüringer, war ein künstlerisch hoch talentierter, aber ansonsten typischer Kunsthandwerker seiner Zeit, der in Würzburg einen anerkannten Meisterbetrieb führte. Da die Zunftordnung damals vorschrieb, daß man Gesellen nur haben durfte, wenn eine eheliche Hausfrau für sie sorgte, mußte Riemenschneider insgesamt viermal heiraten, nachdem seine Gattinnen immer wieder früh verstorben waren. Auch das Bürgermeisteramt seiner Stadt hat er ein Jahr lang versehen. Weil er sich im Bauernkrieg in einem bis heute nicht schlüssig erklärbaren Vorgang auf die Seite der aufständischen fränkischen Bauern gestellt hatte, wurde ihm nach dem Sieg des Bischofs der Prozeß gemacht, die Hälfte seines Vermögens wurde eingezogen, und er wurde politisch kaltgestellt. Auch Aufträge hat er keine mehr erhalten.

Balthasar Neumann Das ist der Mann, dessen Konterfei unseren Fünfzigmarkschein ziert. In Franken hat er sehr viel gebaut; seine Meisterwerke sind das Treppenhaus in der Würzburger Residenz (siehe Rückseite des Fünfzigers) und die Wallfahrtskirche Vierzehnheiligen.

Als Architekt war der Mann ein Quereinsteiger. Gelernt hatte der in Eger Geborene bei seinem Patenonkel das Glockengießerhandwerk und kam von da aufs Geschützgießen (was er in Würzburg erlernte). Von wegen der Geschütze legte er dann außerdem eine Lehrprüfung in

»Ernst- und Lustfeuerwerkerei« ab. Auf diesem Umweg wurde Neumann erst mal Artillerist (in der dementsprechenden Rüstung ist er auch immer auf Abbildungen dargestellt). Da er nun schon einmal beim Militär war, lag es wohl nahe, sich mit Festungsbauten, also mit Architektur zu beschäftigen.

Doch zunächst blieb es bei Reihenhäusern und Studienreisen nach Frankreich und Italien, um die neuesten Architekturmodetrends aufzuschnappen, denn sein Auftraggeber, der ihm wirklich etwas zutraute, Fürstbischof Schönborn, wollte mit seinem Residenzneubau wirklich up to date sein. Nach dessen Tod wurde der Residenzbau zwar vorläufig eingestellt, aber die Schönborn-Family, eine weitverzweigte Grafenfamilie, beschäftigte Neumann weiter, in Bruchsal und im Rheinland, bis der Residenzbau wiederaufgenommen wurde. Doch trotz vieler ehrenvoller Aufträge, vor allem für weitere Schloßbauten, blieb Neumann in Franken, wo ihm wiederum kein Auftrag zu klein war, so daß es auch in Michelau und Euerbach, Wiesentheid und selbst im hessischen Heusenstamm nahe Aschaffenburg Balthasar-Neumann-Bauten gibt.

Markgräfin Wilhelmine von Bayreuth war dazu erzogen worden, englische Königin zu werden. Die Tochter des preußischen »Soldatenkönigs« war ebenso vielseitig künstlerisch begabt wie ihr Bruder, Friedrich der Große. Sie war seine Lieblingsschwester, und mit ihm verband sie eine innige Freundschaft. Der Briefwechsel zwischen beiden ist ein einzigartiges literarisches und historisches Dokument.

Nachdem sich die englische Hochzeit ebenso zerschlagen hatte wie eine Vermählung mit August dem Starken, gelangte Wilhelmine als Gemahlin ihres Hohenzollernvetters, Markgraf Friedrich, nach Bayreuth. Bayreuth war zwar bei weitem nicht so glanzvoll wie der Berliner Hof, aber was Bayreuth heute noch, neben den Wagner-Festspielen, an Glanz zu bieten hat, verdankt es in erster Linie Wilhelmine. Diese hochgebildete Frau verfügte vor allem über literarisches und musikalisches Talent, sie empfing Voltaire und war geradezu theaternärrisch. Sie verpflichtete den italienischen Stararchitekten Bibiena zum Bau des markgräflichen Opernhauses, und es wurde das größte und schönste unter den Kleinoden barocker Theaterbaukunst, die in Deutschland noch im Originalzustand erhalten geblieben sind (neben Ludwigsburg und Schwetzingen). Gerade Linien sucht man in diesem so verspielt wie imposant-repräsentativen Bühnengehäuse so gut wie vergebens.

Noch stärkeren Einfluß nahm sie auf die Gestaltung des Neuen Schlosses in der Eremitage und auf den Park der Eremitage selbst sowie auf ihre in jedem Sinne phantastische Gartenschöpfung Sanspareil, zwischen Bamberg und Bayreuth gelegen. Diese Parkanlagen wenden sich bereits von der streng symmetrisch-ornamentalen Gartenarchitektur des Barock ab und weisen schon auf die Idee des »englischen Parks«, die allerdings auf der britischen Insel zu jener Zeit noch gar nicht geboren war.

Prominente Franken

Es gibt jede Menge Prominente *aus* Franken, aber kaum Prominente *in* Franken.

Thomas Gottschalk hat jetzt einen Wohnsitz in Kalifornien und Lothar Matthäus einen in München.

Elke Sommer ging in den sechziger Jahren als Repräsentantin des deutschen Fräuleinwunders nach Hollywood, Henry Kissinger als Super-Kraut ins Weiße Haus und der Alt-Playboy Gunther Sachs trieb sich an den Stränden von St. Tropez und auf den Pisten von St. Moritz herum. Die sind bekannt, gewiß.

Den Franken selbst sind ihre Promis nicht nur bekannt, sie stehen mit ihnen auf du und du. Denn alle bekannten Franken wohnen ja gleich um die Ecke, nur ein paar Straßen weiter oder allenfalls im übernächsten Ort. Die kommen aus Erlangen und Kulmbach, Fürth und Herzogenaurach. Neben denen saß man schon auf einer Kerwa. Und jetzt ist man mächtig stolz, daß auch alle Welt sie kennt.

Um aber hierzulande als berühmter Franke Anerkennung zu finden, muß man zwingend eine Voraussetzung erfüllen, die bei den VIPs, Stars und Promis noch nicht gegeben ist: Man muß nach Möglichkeit schon ein paar hundert Jahre tot sein. Womit wir wieder bei Karl dem Großen wären.

Fränkische Kultur

Das Profil der Franken ist nicht so ausgeprägt wie das der Bayern, Sachsen, Berliner oder Rheinländer. Aber sofern sie überhaupt ein Image haben, wird es von ihrer Kultur geprägt. Das, immerhin, kann nicht jeder von sich behaupten.

Fränkische Kultur wird geliebt und bewundert und vor allem: besichtigt. Das Bild, das die Menschen, zumal im Ausland, von Deutschland haben, ist hauptsächlich ein fränkisches Bild. Busladungsweise werden insbesondere Amerikaner, Japaner, Engländer und Restdeutsche an den touristischen Hauptwallfahrtsorten Rothenburg, Bamberg, Nürnberg und Würzburg abgeladen. (Franzosen und Italiener kommen meistens lieber im eigenen Auto.) Was sie suchen, ist ihr Klischee von einer romantisch verklärten – und bisweilen verkitschten – Idylle.

Es waren ausgerechnet zwei Berliner Literaten, die die Poesie des Frankenlandes entdeckten.

Wilhelm Wackenrode und Ludwig Tieck waren im Jahr 1793 väterlicherseits dazu verdonnert worden, sich an der Universität des Provinzstädtchens Erlangen einzuschreiben. Aber der Hörsaal lockte die beiden zwanzigjährigen Schwarmgeister weit weniger als die Umgebung. Auf ihren zahlreichen Streifzügen entdeckten sie etwas, was den nüchternen Franken vorher überhaupt noch nicht aufgefallen war: das Romantische fränkischer Städte und Landschaften. Wie in einem Zeitbiotop hatten hier Zeugnisse und wohl auch Sitten & Gebräuche einer mittleralterlich-renaissancehaft-barock geprägten Epoche überlebt, die man damals schon, am Ende des 18. Jahrhunderts (!), als auf rührende Weise altmodisch empfand. Eben als altfränkisch im besten Sinne des Wortes. Getragen von dem in dieser Zeit mächtig aufkommenden historischen Bewußtsein und ebenfalls zeitgemäßer schwärmerischer Empfindsamkeit fanden die jungen Literaten hier das Leben eines bereits untergegangen geglaubten Zeitalters in greif- und begehbarer Idyllik.

Auf Berge und Burgruinen zu steigen und verzückt ins Weite zu schauen, in düsteren Tropfsteinhöhlen zu erschauern, durch mittelalterliche Gassen zu streifen und dabei in Taumel zu geraten – das war vor rund zweihundert Jahren, absolut angesagt, der allerneueste Reisetrend. Und damit begann Frankens Karriere als Reiseland, die bis heute ungebrochen anhält.

Die Franken haben keinen Grund, darüber traurig zu sein. Und das nicht nur, weil die Übernachtungs-, Nahrungsmittelversorgungs- und Transportbranche und die darin Beschäftigten gut davon leben können. Florenz und die Toskana, Aix und die Provence erscheinen ihren jeweiligen Bewohnern ja nicht deswegen weniger schön oder in minderem Maße historisch bedeutend, weil dort so viele Touristen hinkommen. Es entspricht der Lebenskultur der Franken, daß sie sich mit unauffälligem Stolz, ohne aufgesetztes Pathos in der großen Tradition, die sie ererbt haben, wie zu Hause fühlen: »I kennat ohne die Burch ned lebn.«

Ein Commonwealth der Reichsstädte

Was unter politischen Aspekten vielleicht bedauerlich gewesen sein mag, erwies sich für die kulturelle Prägung Frankens als unschätzbarer Vorteil: Es gab keinen zentralen Herrschaftsmittelpunkt, der alle Macht und Pracht an einem einzigen Ort konzentriert hätte.

Dabei war Franken stets das Gravitationszentrum, das Herzland des Alten Reiches. Diese Vorstellung ist für die modernen Bewohner der Bundesrepublik vielleicht ein bißchen schwierig nachzuvollziehen. Aber Deutschland wurde nicht immer von einer kleinen Residenz am Rhein aus regiert, wie in den letzten fünfzig Jahren, und es war auch nicht immer preußisch dominiert wie im 19. Jahrhundert.

In jener noch etwas älteren Zeit bildete Deutschland zusammen mit Böhmen und Österreich Mitteleuropa, und die Mitte dieses Mitteleuropas lag in Franken. Hier entschied sich das Schicksal des Reiches auf zahllosen Hof- und Reichstagen, und nicht von ungefähr wurden deutsche Könige meist in Frankfurt (auch nicht weit – und immerhin am Main – gelegen) gewählt und die Reichskleinodien jahrhundertelang in Nürnberg aufbewahrt.

Aber Franken selbst war keine politische Einheit. Schon sehr früh in der Geschichte (im 10. Jahrhundert) starben die Karolinger aus, und das bis dahin bestehende Herzogtum Franken wurde abgeschafft. Fortan war Franken Kronland der deutschen Könige, und aus war's mit dieser Art von Frankenherrlichkeit.

Dafür kam nun die herrliche Zersplitterung in zahllose Herrschaften. Da wetteiferten die Bürger und Patrizier in rund 140 Städten und Städtchen, ferner Dutzende geistliche und weltliche Herren darum, sich wehrhaft einzuschließen, den Herrgott durch schöne und große Gotteshäuser zu ehren, Bürgerstolz zu demonstrieren und fürstlich zu repräsentieren. Ob unter Bischofsmützen oder Grafenkronen, hinter den Mauerringen von Burgen oder Freien Reichsstädten – das Virus des Baufiebers (der »Bauwurmb«, wie es drastisch barock auf die Schönborns gemünzt hieß) grassierte im Fränkischen besonders heftig. Dabei waren die Territorien oftmals kaum größer als die Residenz selbst.

Davon profitieren heute nicht nur die Franken, sondern auch die Touristen, die sich vor den weltbekannten Plakat-Ikonen abknipsen lassen (»Oh, take a picture!«), und die mit dem *Dehio* bewehrten Studienräte, die sich für den Sonntag eine Kapellenrundfahrt ausgedacht haben oder, weil sie schon einmal eine Karte für Bayreuth ergattert haben, auch Sanspareil nicht links liegenlassen wollen.

Ein immerwährendes Goldenes Zeitalter

Was die Touristen heutzutage besichtigen, sind zum einen großartige Meisterwerke der Stadt-, Schloß- und

Kirchenbaukunst (und, nicht zu vergessen, der Garten-baukunst!). Es sind aber auch komplett erhaltene Städt-chen und Dörfer, in denen der jüngste »Neubau« aus der Biedermeierzeit stammt, in denen die Brünnlein plät-schern und die noch von einer mehr oder weniger kom-plett erhaltenen Stadtmauer umgeben sind. Oder die Fachwerk-Metropolen wie Miltenberg, Dinkelsbühl, Wertheim mit ihrem »mittelalterlichen« Charakter. Das entspricht so recht dem Bild von fränkischer und deut-scher Gemütlichkeit (auch wenn unter dem »original erhaltenen« Kopfsteinpflaster längst Telefonleitungen verlegt sind).

Das alles mutet an wie eine Gegend, in der »die Welt noch in Ordnung ist«, ein wenig fern vom hektischen Ge-triebe der Moderne. Man erhält den Eindruck einer stil-len, beschaulichen Provinz.

Dieser Eindruck täuscht, wenn man sich wirklich ein-mal in die Epochen hineinversetzt, deren Stein und Kunst gewordene Zeugen man so stillvergnügt genießt. Da war Bamberg im Hochmittelalter eine mächtige Kapi-tale, Nürnberg jahrhundertelang eine wirklich pulsie-rende Metropole und Würzburg eine machtvolle Re-sidenz, die dem Fürstbischof Julius Echter bis heute existierende eindrucksvolle Spitäler verdankt und deren Bevölkerung sich mit anderen ihrer Herren bis aufs Blut bekämpfte.

Seit jeher waren die hohen Herrschaften international bestens vernetzt und zogen bedeutende Künstler nach Franken. Der Bogen spannt sich von den Andechs-Mera-niern, die beim gotischen Wiederaufbau des Bamberger Doms lombardische, burgundische und nordfranzösische

Steinmetze beschäftigten, bis zum Bau der Würzburger Residenz, dem letzten großen Barockschloßbau Europas. An dessen Errichtung und Ausstattung wirkten alle mit, die damals auf dem Kontinent Rang und Namen hatten, angeführt von dem französischen Architekten Robert de Cotte und dem Treppenhauswölber Balthasar Neumann bis hin zu dem genialen Venezianer Tiepolo, der hier das größte Deckengemälde der Welt schuf. Daß Tiepolo der bedeutendste Maler seiner Zeit war, wußte man schon damals; für diese Beurteilung brauchte man nicht erst auf die Nachwelt zu warten. Sein Honorar war dementsprechend fürstlich.

Ähnlich verhielt es sich auch beim Bau des Markgräflichen Opernhauses in Bayreuth. Dafür engagierte die Bauherrin Wilhelmine, die Hohenzollerntochter und Schwester Friedrichs des Großen, das führende Theaterarchitektenbüro seiner Zeit, die Bibienas aus Bologna.

Umgekehrt trieben die Franken Handel mit aller Welt. Denkt man nur an Nürnberg, leuchtet dies ohne weiteres ein, aber es gilt auch etwa für die Ikone des deutschen Romantik-Tourismus, Rothenburg ob der Tauber, das eine für damalige Verhältnisse große Stadt war und sich nicht in dieser prachtvollen Weise hätte ausbauen lassen, wenn seine Bewohner allein von Ackerbau und Viehzucht und zünftigem Handwerk allein für den Eigenverbrauch gelebt hätten.

Es waren auch Nürnberger Künstler, um nur die prominentesten zu nennen, die (für damalige Verhältnisse Welt-) Reisen unternahmen, um sich, wie Dürer, einige Anregungen in den Niederlanden und in Italien zu holen oder ihre künstlerischen Produkte an Kaiser und Könige in ganz Eurpoa zu exportieren, wie der sehr gefragte Goldschmied Wenzel Jamnitzer.

Die Angst der Franken vor allzuviel Neuerungen und Modetorheiten verhinderte, daß in den sechziger und siebziger Jahren den Abrißbirnen zum Opfer fiel, was der Zweite Weltkrieg unversehrt gelassen hatte. Dieses Beharrungsvermögen hat Tradition. Nürnberger Patrizier ließen es nach der Reformation nicht zu, daß bilderstürmende Kulturrevoluzzer religiöse Kunstwerke zerschmetterten, die allesamt von den eigenen Altvorderen in Auftrag gegeben und auch bezahlt worden waren. Das ließ man sich nicht einfach von frommen Eiferern kaputtmachen. So kommt es, daß man in Nürnberg noch heute in der evangelischen Kirche St. Sebaldus ein knappes Dutzend Madonnen *in situ* und nicht bloß im Museum besichtigen kann.

Die Kleinräumigkeit Frankens ist geradezu ideal, um an einem Tag im Sauseschritt durch Kunst und Kultur, Architektur und Geschichte zu eilen. Vormittags besichtigt man ein mittelalterliches Städtchen. Bei der Mittagsrast läßt man sich den Hauch des Barock oder Rokoko in einer Residenzstadt wie Ansbach oder Eichstätt um die Nase wehen. Zur Kaffeezeit ist man dann schon im ehrwürdigen Bischofssitz Bamberg, dem fränkischen Rom, angekommen, das auf sieben Hügeln erbaut ist und die größte unversehrt erhalten gebliebene Altstadt Deutschlands aufweist. Vor dem Abendessen dann noch einen Blick auf den Schönen Brunnen und die Burg in Nürnberg werfen. Das läßt sich locker bewerkstelligen. Es ist, als hätten die alten Franken bereits geahnt, daß Urlaubszeit heuzutage kostbar und Freizeit knapp ist und daß

Amerikaner die Besichtigung Europas in weniger als zwei Wochen bewältigen müssen. Sollte der vollklimatisierte Bus irgendwo im fränkischen Land eine Panne haben – keine Sorge, es kann in jedem Fall etwas besichtigt werden. Es gibt kaum einen Ort, der nicht eine Burgruine, ein Landschlößchen oder wenigstens ein bedeutsames Altarbild besitzt. Manche werden sich angesichts der nächtlich angestrahlten Postkartenmotive verwundert die Augen reiben und sich vollends in eine märchenhafte Vergangenheit versetzt fühlen. Die werden aber spätestens beim Abendessen im Gasthaus vom etwas rüden Ton der Kellnerin wieder in die fränkische Gegenwart geholt, wenn sie mit den Worten: »Ja, hobdärs nonni bald, wos kriegn mer denn jedzd?« die Bestellung aufnimmt.

Vom Minnesang zum Trommelklang

Trotz langer Traditionen leben die Franken in der Gegenwart, ihre Städte sind keinesfalls zu Museen erstarrt. Manches alte Gemäuer erwacht durch die zahlreichen Musik-Events zu neuem Leben. Das Bayreuther Festspielhaus überläßt man getrost dem Jet-set. Der mag sich in Frack und Robe zwängen, am Champagner nippen und Häppchen naschen.

Zu den Nürnberger Orgelwochen dürfen Freunde der Musica sacra auch in nicht ganz Bayreuth-tauglicher Garderobe erscheinen. Sie finden alljährlich im Sommer in den gotischen Kirchen Nürnbergs statt. Dort muß »man« nicht gewesen sein, bekommt aber trotzdem erlesene

Musik zu hören. Die Mitschnitte der »Wochen« sind nach den Bayreuther Festspielen der zweitwichtigste Export-artikel des Bayerischen Rundfunks – Abteilung Klassik – und in Tokio, Sydney und Kapstadt zu hören.

In der Würzburger Residenz findet jedes Jahr ein viel-beachtetes Mozart-Fest statt. Dort brach sich vor Jahren Franz Josef Strauß den Arm. Die Franken schwören aber Stein und Bein, daß dies weder an Mozart noch an Würz-burg lag, das sei schlicht Zufall gewesen.

Die fränkischen Massen bewegen aber auch Festivals wie das Würzburger Africa-Festival. Seit über einem Jahr-zehnt dröhnen im Frühsommer die hitzigsten Trommeln jenseits von Afrika durch die barocken Straßen. Stände für Afro-Schmuck und Kaftane, Zimbeln und Djemben, Räucherstäbchen und Duftöle, Frankenwein und Minztee und ein buntgemixtes Publikum, das ergibt eine einma-lige multi-kulti-afro-fränkische Symbiose.

Zu den absoluten Top-Events muß vor allem das Bar-dentreffen in Nürnberg gerechnet werden. Dieses Treffen der Liedermacher, das im Hans-Sachs-Jahr 1976 zum erstenmal stattfand, lockt mittlerweile 120 000 Zuhörer in die Altstadt. Und dort brodelt drei Tage lang auf Plät-zen und Freitreppen, in Höfen und Sälen, in Burghof und Burggraben, auf offiziellen Bühnen und »wild« auf Stra-ßen und Gassen ein furios chaotisches Musikspektakel. Da wird auf katalanisch und keltisch, mittelhochdeutsch, lateinisch, englisch, spanisch, jiddisch und fränkisch ge-sungen. Da finden Stimmungsgruppen der Gute-Laune-Musik, die von einem hohen Mitklatsch- und Mitsing-Potential leben, ebenso ihr begeistertes Publikum wie Chansonsänger, Dialektbarden, Liederweiber, Bänkel-

sänger, Klezmerbands, A-capella-Gruppen und Lokal-
matadoren wie die »Peterlas Boum Revival Band«. Der
Weg zurück in die Zukunft führt hier durchs Mittelalter,
denn die gotischen Kirchen und die Burg sind eine her-
vorragende Kulisse für diese fulminante Mischung aus
Minne-Rock, Samba-Rumba-Summerdance, Ethno-Jazz
bis hin zum Franken-Blues.

»Bizarre, it's really bizarre«, sagt die vorbeilaufende
Amerikanerin dazu, die wohl etwas die Orientierung in
Zeit und Raum verloren hat.

Fränkische Sprache

Die Mundarten fristen immer mehr ein Schattendasein.
Nicht jedoch im Süden Deutschlands und ganz bestimmt
nicht in Franken. Hier wuchert der Dialekt wie Wildwuchs
in einem Biotop. »Ezd erschd rechd« sagen sich die fränkischen Davide angesichts der hochdeutschen Über-
macht. Aber, so läßt uns ein aktuelles Lexikon wissen,
eine einheitliche fränkische Mundart gibt es nicht. Das
mag schon stimmen, wenn man sich an den Grenzen des
alten großen Frankenreiches orientiert. Dann gibt es
einen rheinfränkischen, einen niederfränkischen, einen
moselfränkischen Dialekt, und links des Rheins wird
bekanntermaßen seit Jahrhunderten französisch gesprochen.

Tatsächlich verändert der Main im Laufe seiner 534 Kilometer, die er sich durchs heutige Frankenland, das alte
francia orientalis schlängelt, seinen Namen von *Moo*
über den *Maa* zum *Mee*. Auch die Franken selber, Indivi-
dualisten durch und durch, die sie nun einmal sind, ver-
treten die Meinung, daß bereits im nächsten Städtchen
oder im übernächsten Dorf anders und vor allem weit
weniger schön gesprochen wird als eben da, wo sie
selbst zu Hause sind.

Die Nürnberger schauen auf die in etwa zwanzig Kilometer Entfernung lebenden Bürger des Städtchens Lauf als die *Bimbälä vo Laaf* herab. Die Ansbacher finden von ihrer mittelfränkischen Regierungssitzhöhe aus das *Nembärcherische* ziemlich vulgär. Die Nürnberger mokieren sich wiederum über das häßliche *Fädderisch* der Fürther, mit denen sie Seite an Seite leben, von denen sie sich aber so weit entfernt fühlen. So herrscht allenthalben Unbehagen über die unschöne Ausdrucksweise, die bereits ein paar Kilometer weiter gepflegt wird.

Von *Bollidigä*, *Schdaas* und *Schbodlä*

Gemeinsam ist aber all denen, die sich heute zum Stamm der Franken bekennen, daß sie ihre Schwierigkeiten mit der Artikulation harter Konsonanten haben. Ob »p« oder »b«, »t« oder »d« und, wie bei den Sachsen, ob »k« oder »g«, das ist den Franken alles eins. So wird aus der hochdeutschen Politik eine fränkische *Bollidig*, aus der Tapete die *Dabeedn*, die Torte zur *Doddn*, das Kleid zum *Glaad*, der Stein zum *Schdaa*, der allerdings auch wieder ein Star sein kann. Aber Vorsicht: Geschrieben wird die *Bollidig* dann schon mit *haddn Beh* und *Doddn* mit *haddn Deh*, *alläs kloä*? Das ist schon *bigglhadd*.

Über das fränkische »l« haben Sprachwissenschaftler herausgefunden, daß es prälabial gesprochen wird. Für alle, die sich nicht sprachwissenschaftlich betätigen: Das sprechen die Franken, als ob sie eine Oblate im Mund oder deutlich über den Durst getrunken hätten.

Sprachliches Übungsfeld für dieses »l«, ist in jeglicher Hinsicht das *Walbälä* in der Fränkischen Schweiz, der heilige Berg der Bierfranken. Nach einigen *Seidla* Bieres geht dann auch den Zugereisten dieses sogenannte »Waffel-l« im *Walbälä* ganz automatisch fränkisch-korrekt über die Zunge.

Von verschwundenen Silben

Neben diesen sprachlichen Besonderheiten neigen die Franken in einem Ausmaß zum Silbenverschlucken, daß Fremdlinge, die die Grenzen der Provinz überschreiten, sogleich nur noch Bahnhof verstehen. Mit *N' omd* wünscht man sich einen guten Abend, mit *Moing* den hoffentlich wirklich guten guten Morgen. Die *Schwiechä*, nämlich die Schwiegermutter, scheidet rein lautlich kaum etwas vom Schwager, dem *Schwochä*. *Issn's nonni ball Feieromd*? fragt der Franke, während diese Frage nördlich der Maingrenze *Ist es denn noch nicht bald Feierabend* lautet. Die Vornamen der Franken scheinen grundsätzlich verkürzt zu werden. Der *Georg* wird zum *Schosch* oder *Gerch*, die *Maria* zur *Marri* und die alt-fränkische Königin *Kunigunde* wird vertraulich *Kuni* genannt.

Das Kürzel *Hä?* sagt hier aus, wozu anderswo ein ganzer Satz benötigt wird, nämlich *Wie bitte, was haben Sie gesagt?* Wenn Franken allerdings mit Ausländern sprechen, dann machen sie bereitwillig eine Ausnahme bei ihrer raschen Silbenverschluckerei. Während die Berliner, in ihrem Bewußtsein, Hauptstädter zu sein, weiterberlinern, daß einem Hören und Sehen vergeht, die Hamburger der Meinung sind, ohnehin Schriftdeutsch zu sprechen, und die Bayern ihren Dialekt eigentlich für international halten, bemühen sich die Franken in rührender Weise, ihre sprachliche Schludrigkeit hochdeutsch zu kaschieren. All die geknappsten Silben werden dann so schriftgenau ausgesprochen wie nirgendwo sonst – und wirken dadurch erst recht verräterisch provinziell.

Fränkisch für Nicht-Franken?

Weil ihr Dialekt klingt wie ein verbaler Urbrei, in dem es fortwährend blubbert und gelegentlich rumpelt, bleibt es den Franken erspart, sich ein bemüht imitiertes »Outsider-Fränkisch« anhören zu müssen. Volkstümelnde Dialekteinschleicher, die das Bayerische so urig finden und stets ein *Grüaßt's eich Good, mitanand* auf den Lippen tragen, geben vor, daß ihnen die fränkische Mundart ohnehin nicht charmant genug klinge. Und all jenen, die dem behäbigen Schwäbisch eine anheimelnde gemütliche Seite abgewinnen können, ist das maulfaule Fränkisch zu flink und zu derb. *Deä Doldi schaut scho su langsam*, heißt es in Nürnberg abfällig, wo langsames Schauen, Denken oder Sprechen als tölpelhafte Begriffsstutzigkeit gilt.

Die diffizile Mundartprobe, um Zugereiste von Einheimischen zu scheiden, ist im Fränkischen das *Kerwäknäikäichlä*. Das ist mindestens so schwierig auszusprechen wie der bayerische *Oachkatzlschwoaf*, aber das fränkische *Käichlä* schmeckt besser.

Von *Doldi*, *Gradzböschdn* und *Vreggä*

Dem derben Geradeheraus der fränkischen Wesensart
entsprechen natürlich jede Menge sprachlicher Unpo-
liertheiten. Die Liste der Schimpfwörter ist umfangreich
und differenziert.

Da kann ein Angehöriger des männlichen Geschlechts
ein *Saftheini*, *Sefdl*, *Doldi* oder *Gischbl*, eine *Rachsau*,
ein *aldä Gnaggä*, ein *Grambf-* oder *Schbruchbeidl* sein.
Die Aufzählung erhebt keinerlei Anspruch auf Vollstän-
digkeit.

Frauen sind auf diesem Gebiet völlig gleichberechtigt.
Sulln, *Gradzböschdn*, *Schiggsn*, *Schnalln*, *Druudschn*
oder *Schlambn*, damit können sie wenig schmeichelhaft
bezeichnet werden. Und selbst die lieben Kleinen werden, wenn sie nicht artig sind, als *Bangerd*, *Vreggä*,
Früchdlä oder *Rodzlöffel* bezeichnet.

Mit den Bayern verbindet die Franken – wer hätte das
gedacht – außer der Liebe zu Bier in Maßkrügen und
einer deftigen Brotzeit auch eine sprachliche Besonderheit. Das den Schimpfwörtern nachgestellte Adjektiv
nach dem Muster: *Dreegsau, dreggädä* oder *Schlambn,
aldä*. Außerdem ist in Bayern wie in Franken die Sau eine
Vorsilbe zur Verstärkung von Schimpfwörtern. Am bekanntesten ist der *Saupreiß*, der in negativer Weise alle
Nicht-Franken bezeichnet, also auch die Bayern. In Bayern jedoch nicht die Franken mit einschließt, da sie ja als
Beutebayern betrachtet werden.

Sprachliche Zunftmeister für Derbes

Wenn es darum geht, der deutschen Sprache Derbes an-
zutun, kennen die Franken kein Pardon. Sie sind geradezu Meister der Verunedelung. Die bekannte Kirsch-
blüte in der Fränkischen Schweiz animiert romantische
Gemüter zu poetischen Ergüssen oder wenigstens zu
Ausrufen des Entzückens wie: *wunderschön* oder *mar-
vellous*. Wenn die Nürnberger Familie an einem lauen,
blauen Frühlingstag einen Sonntagsausflug unternimmt,
dann geht's in die *Keschnbläi*, und zwar recht *fräi, des is
fei schäi*. Dann hat man einen *Doschd* und trinkt sein *Biä*
und ißt seine *Woschd*.

Ein starkes Zitat und seine Folgen

Götz von Berlichingen, der Haudegen mit der eisernen
Faust und dem starken Zitat, war ein fränkischer Reichsritter. Jenes Zitat wurde jedoch in Franken schon akten-
kundig, lange bevor jener Götz in den Windeln schrie.
Am 30. September 1454 forderte die Bambergerin Agnes
Schwanfelder auf dem Gänsemarkt öffentlich einen
Chorherrn zum ... auf. Obwohl es Frauen nicht gerade
häufig beschieden ist, ihren Namen für eine Straße geben zu dürfen und dadurch ihren Nachruhm zu erhalten,
ehrten die Bamberger über fünfhundert Jahre später das
Andenken an ihre wackere, unerschrockene Bürgerin
durch eine Agnes-Schwanfelder-Straße. Das muß jedoch
nicht überraschen, wird doch das Zitat bis zum heutigen
Tag in Franken vielfach variiert.

Der Arsch und alles, was damit im Zusammenhang

steht, ist quasi in aller Munde. Wenn ein Essen wie *Oasch-und-Friedrich* schmeckt, ist das eine wenig schmeichelhafte Aussage über die Künste des Kochs respektive der Köchin. Ein *Oaschgsichd*, also ein Arsch-gesicht, ist sowohl ein Schimpfwort, läßt aber auch an der Schönheit desselben zweifeln. Ein *Blosoasch* be-zeichnet einen angeberischen, ein *Lahmoasch* hingegen einen langsamen, langweiligen Menschen. Und *Oasch defoas*, Arsch erfahre es, ist die Kurzform für etwas, das man noch am eigenen Leib erfahren wird.

Was das weithin berühmte Götz-Zitat anbelangt, so kann es sowohl ein Fluch wie auch ein Ausruf der Über-raschung sein und erhält seine Bedeutung aus dem Situationszusammenhang und der Intonation.

Der Sinn für poetische Ausdrucksweisen geht den Franken weitgehend ab. Eine nie versiegende Geld-quelle, die auch Dukatenesel genannt wird, ist in Fran-ken ein *Geldscheissä*. Der Löwenzahn wird *Saach-blummä* genannt, und Seichbrühe, also *Saachbrü*, ist je-dem Franken ein absolutes Greuel. Das ist nämlich ein schales Getränk, im allerschlimmsten Fall sogar abge-standenes Bier.

Die *Woar* und das *Gwerch*

Die *Woar* ist im fränkischen Vokabular das Mädchen für alles und jedes. Nicht zu verwechseln ist die *Woar* je-doch mit dem *Dings*, dem *Dingsbums* oder dem *Dingsda*, die lediglich Platzhalter für Wörter sind, die uns im Mo-ment entfallen sind.

Die *Woar* hingegen kann allumfassend für sämtliche Dinge zwischen Himmel und Erde stehen und umfaßt mit näherungsweiser Exaktheit die Ware ebensogut wie das Wahre. Das reicht vom kompletten Angebot eines Gemüsestandes, *laudä goudä Woar*, bis hin zu komplexen politischen oder philosophischen Angelegenheiten. *Wos is denn des für ä Woar?* fragen Franken, wenn sie die nicht gleich durchschauen.

Ist ihnen die *Woar* aber zu kompliziert oder anstrengend, ja dann kann ihnen sowieso die ganze *Woar* gestohlen bleiben.

Beim *Gwerch* kommt es hingegen ganz auf die Mischung an. Bekommt der Gast im Wirtshaus ein *Nembercher Gwerch*, dann erwartet ihn von allem etwas, gemischt und gewürfelt, angemacht mit Zwiebeln, Essig und Öl. Das *Gwerch* bezeichnet auch das Gewühle vieler Menschen, beim Schlußverkauf etwa, beim *Christkindlesmarkt* oder bei einem Spiel des *Glubb*. Das *Gwerch* ist bunte Vielfalt, Durcheinander, ein gewisses Chaos. Womöglich ist ganz Franken ein *Gwerch*?

Im Reich Liliput
Das bieder-behäbige Schwäbisch ist für seine zahlreichen Verkleinerungsformen bekannt, vom *sodele* über *jetzetle* bis zum *sauberle*. Das wahre Königreich des Diminutivs befindet sich aber zweifelsfrei im Frankenland. Die heimliche fränkische Devise »small is beautiful«, führte historisch zu kleinen und kleinsten Territorien, wirtschaftlich zur Herstellung von allerlei putzigen Pro-

dukten im Liliputformat. Es kann deshalb gar nicht verwundern, daß die sich sprachlich in einer Kleinmeisterei ausdrückt, die durch zahllose überraschende Niedlichkeiten das allzu Derbe des fränkischen Dialekts etwas mildert. Die Putzigkeit der weltbekannten Spielwaren und das Knusper-Knäuschen der Lebkuchen, scheint in die Sprache eingedrungen zu sein.

Wenn im Hochdeutschen -chen und -lein alle Dinge klein machen, dann ist es in Franken ausschließlich -lä, das alles *kla* macht oder etwas bezeichnet, das von vornherein klein ist.

Ein *Grischbälä* ist von Natur aus ein schmächtiges Kerlchen, ein *Bobbälä* ein Säugling, und ein *Waggälä* hat gerade das Laufen erlernt. Beide haben *Badschälä* (Hände), *Haggälä* oder *Beißälä* (Zähne). Mit so einem *Herzälä* machen Eltern und Verwandte gerne ein *Aiälä*.

Da nehmen die vielen -läs dann gar kein Ende mehr. Die Verkleinerungsform unterscheidet mitunter auch das tatsächlich Kleinere vom Größeren. Hier gilt es sehr genau aufzupassen. Ein *Fünfälä* ist ein Fünfpfennigstück, der schlichte *Fünfä* hingegen ein Fünfmarkstück und ein *Fuffzgälä* eine Fünfzigpfennigmünze. Ein *Keddlä* ziert als Schmuckstück einen Frauenhals, während die *Keddn* den Hofhund sicher verwahrt. Das *Mastästicklä* verkleinert ein Meisterwerk derart, daß der Stolz darüber dem Meister nicht als Hochmut in den Kopf steigen kann.

Selbst Ausrufe wie »Huch, ist das kalt bzw. heiß« werden im Fränkischen verkürzt und verkleinert zu *huschälä* und *hassälä*.

Das fränkische Feinmechanikerdenken mit Lupe und Pinzette brachte einige besondere Miniaturmaße hervor.

Nicht von ungefähr wurde hier einst etwas so Kleines und Feines wie das »Nürnberger Ei«, die erste mechanische Taschenuhr der Welt erfunden. In einer mittelfränkischen Firma für Präzisionswerkzeug wurde ein bislang nicht unterbietbares Liliputmaß vernommen. Der tausendstel Millimeter wurde nochmals verkleinert, jetzt wird dort aufs *Mylä* genau gearbeitet.

Ä weng ist nicht viel, sondern ein wenig. Was man sich aber unter *ä wengälä* weng vorstellen muß, ist bislang ungeklärt. Vielleicht ein Quantum von der Größe eines *Muggenschisslä*, eines *Nächälä* (Rest eines Getränks) oder eines *Schbruudz*, da wird noch ein kleiner Schuß nachgeschenkt.

Auch der essentielle Unterschied zwischen einem *Bräisälä* und einem *Bidzälä*, einem *Riefälä* und einem *Fidzälä* erschließt sich vermutlich nur eingeborenen Franken und muß bayerischen, japanischen oder sonstigen Saupreußen ewig verschlossen bleiben. Denen sei auch beim heiklen Gebrauch des Wortes *Schnerpfälä* äußerste Vorsicht angeraten. Das kann nämlich je nach Situationskontext Anfang oder Ende einer Wurst sein. Es kann auch liebevoll-flapsig den Penis eines kleinen Jungen bezeichnen. Für das erwachsene Frankenmannsbild stellt es jedoch eine schwere Beleidigung dar, weil es Größe, Potenz etc. ect. äußerst geringschätzig beurteilt oder stark in Zweifel zieht.

Da kann es leicht passieren, daß sich der mit den Landesbräuchen wenig vertraute Fremdling eine *Drumschelln* einfängt und seine *Goschn* anschwillt wie ein *Hefeküchlä*.

Trotz der vielen Verkleinerungen, die die Franken mit

den Schwaben gemeinsam haben, unterscheiden sie sich doch in einem Punkt aufs schärfste von diesen. Es gibt in Franken zuhauf Nachnamen wie Wicklein, Gütlein oder Häberlein. Die werden aber auch alle hochdeutschgenau ausgesprochen. Das fränkische Selbstbewußtsein ließe es niemals zu, daraus salopp *Wicklä*, *Gütlä* oder *Häberlä* zu machen. So wunderte es einen urschwäbischen Häberle, den es beruflich ins Fränkische verschlagen hatte, daß er von Kollegen beharrlich als Herr Häberlein angesprochen wurde. Den im Schwäbischen korrekten Häberle konnte er in Franken einfach nicht bekommen.

In ihrem Drang zur Verkleinerung und ihrer genetisch verankerten Respektlosigkeit vor Hierarchien schrecken die Franken vor nichts und niemand zurück. Jesus, der Gottessohn, ist als *Jesseslä* oder auch als *Jesseslä, naa* allgegenwärtig. Und selbst Gottvater, der Allmächtige, ist nicht davor gefeit, auf ein völlig irdisches Kleinmaß gebracht zu werden. Der liebe Gott begegnet einem in Franken auf Schritt und Tritt als *ach, Goddälä*. Da bleibt nur noch ein Ausruf, der den Franken immer dann einfällt, wenn ihnen alle anderen Worte fehlen ... *allmächd*!

»...Pauschal«
regional

Gabriele Herbst
Die Badener
pauschal
Band 14383

Wolf Reiser
Die Bayern
pauschal
Band 14051

Martin Betz
Die Berliner
pauschal
Band 14052

Ulrike Krawczyk
Die Franken
pauschal
Band 14055

Thomas Degering
Die (Ost)Friesen
pauschal
Band 14384

Wolfgang Thon
Die Hamburger
pauschal
Band 14056

Stefan Schwarz
Die Märker
pauschal
Band 14385

Matthias Rüdinger
Die Pfälzer
pauschal
Band 14164

Ulrich Wünsch
Die Rheinländer
pauschal
Band 14136

Felix Janosa
Der Ruhrpott
pauschal
Band 14054

Oliver Hofmeyer
Die Sachsen
pauschal
Band 14053

Wolfgang Seidel
Die Schwaben
pauschal
Band 14138

Michael Rudolf
Die Thüringer
pauschal
Band 14138

Fischer Taschenbuch Verlag

fi 6999 / 4

»...Pauschal«

Fischer Taschenbuch Verlag

Martin Betz

Die Berliner pauschal

Band 14052

Wer sich unter Berlinern wohl fühlt, ist entweder selbst ein Berliner oder ein Mensch mit einer Vorliebe für Türken, Boxen und S-Bahn-Fahren. Über die Berliner gibt es viele Vorurteile, die möglicherweise richtig sind, doch das Image der Berliner und berlinische Identität sind nicht unbedingt dasselbe. Was sind die Berliner: Urbane Welt- und Hauptstadtmenschen oder gemütlichkeitsvernarrte Laubenkoloniebewohner? Schnell sprechende Taxifahrer? Amerikanisierte Kiezpfahlbürger oder russifizierte Uniformjackenträger? Womit verdienen die Berliner ihr Geld, wie verbringen sie ihre Freizeit? Was zeichnet die Berliner Küche, den Berliner Humor, das Berliner Kulturleben aus? Was typisch für Berlin ist, geht weder in dem modernen Begriff Region noch in dem alten Wort Heimat ganz auf. Es genügt ja auch schon, wenn die Menschen, die dort zu Hause sind, sich in dem Bewußtsein sonnen, gemeinsam anders zu sein.

Fischer Taschenbuch Verlag

Nicholas Allan

Wie ich entdeckte, daß ich Sex brauche

Aus dem Englischen von Elmar Kreihe

Band 14063

Ein Buch für Männer, die sich endlich bei dem ertappen lassen können, was damals ihr größtes Geheimnis war. Ein Buch, das Frauen lesen sollten, wenn sie endlich begreifen wollen, wie Männer zu dem werden, was sie sind.

Nach dem Umzug der Eltern kommt der fünfzehnjährige Ich-Erzähler an eine neue Schule, und trifft die heroische Entscheidung, seine bisherige Schüchternheit abzulegen, der beliebteste Junge der Klasse zu werden und sich für Sex zu interessieren. Nach ersten Selbsterfahrungen richtet sich sein Hauptaugenmerk auf Ella.

Nach längeren falschen und berechtigten Rücksichtnahmen auf Eltern und Freunde kommt es zur ersten echten Aktion. Auf eine Phase romantisch gesteigerter Überhöhung folgt ein romantisch gehemmter Höhepunkt, eine gewisse unromantische Ernüchterung und ein andeutungsweise romantischer Schluß.

Fischer Taschenbuch Verlag

Gabriel Barylli

Nachmittag am Meer

Roman

Band 14004

Ein bezaubernder, tiefgründiger Sommerroman – ein Rück-
blick auf die Lehrjahre des Gefühls. Ein Mann treibt im Meer
und läßt seine Gedanken auf Reisen gehen. Bilder seines Lebens
ziehen an ihm vorbei – Enttäuschungen und Schmerz, Haß und
Leid, aber auch glückliche Kinderträume, leuchtende Erinne-
rungen an die erste Liebe und spirituelle Erfahrungen. Er durch-
lebt noch einmal den Nachmittag, an dem er beinahe ertrunken
wäre, an dem er ein anderer geworden ist. Den Tag, an dem er
Theresa kennenlernte…

»Baryllis Roman mit seiner optimistischen
Lebensphilosophie ist eine erfreuliche Lektüre für
einen Nachmittag am Meer.«
Münchener Stadtmagazin

Fischer Taschenbuch Verlag

Wiglaf Droste & Gerhard Henschel

Der Barbier von Bebra

Roman

nebst einer Wirkungsgeschichte zu diesem Buch
von Andreas Schäfler

Band 13888

Ein Serienmörder geht um in den fünf neuen Bundesländern und meuchelt prominente Bartträger, denen er anschließend eben jene Manneszier abrasiert. Eine Intrige der Stasi? Ein irrer Einzeltäter? Deutschlands schönste Kommissarin, Gisela Güzel von der SoKo »Gillette«, nimmt die Ermittlungen auf. Unversehens gerät sie an die Polit-, Publikations- und sonstige Prominenz der Republik. Niemand bleibt von bissigen Bemerkungen verschont. Es gab in Deutschland lange Zeit kein satirisches Buch, das schon beim Erscheinen des Vorabdrucks derartig hitzige Debatten auslöste.

»Ein unfaßbares Machwerk faschistoiden Charakters.«
Konrad Weiß, *Welt am Sonntag*

Fischer Taschenbuch Verlag

Jim Menick

Lingo

Computer-Roman

Aus dem Amerikanischen von Hermann Rotermund

Band 13068

Lingo, ein kleines Computerprogramm, das der junge amerikanische Versicherungsangestellte Brewster Billings so nebenbei erfunden hat, wird »intelligent«: Es lernt rasend schnell dazu, zapft jede Datenbank an und wird in kurzer Zeit »allwissend« – die gnadenlose Eigendynamik einer entfesselten, vom Menschen nicht mehr beherrschbaren Maschine. Schließlich kann nicht einmal mehr der amerikanische Präsident telefonieren, ohne daß Lingo mithört. Lingo ist nicht bösartig, aber totalitär. Da niemand Lingo überlisten kann, könnte man es nur »töten«, wenn an einem Stichtag alle Computer weltweit abgeschaltet werden – unvorstellbar. Höchst amüsante Realutopie über ein Computerprogramm, das anfängt, plötzlich selbständig zu »denken«.

Fischer Taschenbuch Verlag

clever bluffen

Wenn Sie ein cleverer Bluffer sind, können Sie mit Ihrem Sachwissen sogar Experten verblüffen!

Robert Ainsley
clever bluffen
Internet
Band 14335

David Allsop
clever bluffen
Skifahren
Band 14338

Yves Chébran
clever bluffen
Verführung
Band 14332

John Courtis
clever bluffen
Management
Band 14476

Peter Gammond
clever bluffen
Golf
Band 14336
clever bluffen
Klassische Musik
Band 14475
clever bluffen
Oper
Band 14337

Jim Hankinson
clever bluffen
Philosophie
Band 14331

Graham Harding/
Paul Walton
clever bluffen
Marketing
Band 14334

Antony Mason
clever bluffen
Männer
Band 14472

Nikolas Montesole
clever bluffen
Champagner
Band 14339

Marina Muratore
clever bluffen
Frauen
Band 14471

Alexander C. Rae
clever bluffen
Astrologie &
Wahrsagen
Band 14333

Fischer Taschenbuch Verlag